EIN
malig
BADEN-
WÜRTTEMBERG

Matthias Kehle

Uwe Bogen

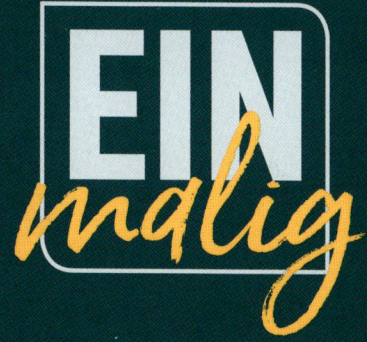

EINmalig

BADEN-WÜRTTEMBERG

KURIOS, GENIAL UND LEGENDÄR

 SILBERBURG

....

1. Auflage 2018

....

© 2018 by Silberburg-Verlag GmbH, Schweickhardtstraße 5a, 72072 Tübingen.
Alle Rechte vorbehalten.
Umschlaggestaltung:
Christoph Wöhler, Tübingen.
Satz und Layout:
Christoph Wöhler, Tübingen.
Lektorat: Michael Kohler, Karlsruhe.
Printed in EU.

....

ISBN 978-3-8425-2098-1

....

Ihre Meinung ist wichtig für unsere Verlagsarbeit. Senden Sie uns Ihre Kritik und Anregungen an
Meinung@silberburg.de

....

Besuchen Sie uns im Internet und entdecken Sie die Vielfalt unseres Verlagsprogramms:
www.silberburg.de

INHALT

Flößer, Grüne, Guggemusik – Geschichte, Politik und Kurioses

Schweine im Museum und der Inbegriff der Romantik – Sehenswerte Orte

Gelbkopf und Blautopf – Natur in Baden-Württemberg

Dichter, Denker, Teddybären – Persönlichkeiten im Südwesten

Spätzle, Brezeln, Capri-Sonne –
So genießt man in Baden-Württemberg

Rapper, E-Mails, BH – Erfolgsgeschichten zwischen Mannheim und dem Bodensee

FLÖSSER, GRÜNE, GUGGEMUSIK – GESCHICHTE, POLITIK UND KURIOSES

Länger leben in Baden-Württemberg

W ir können alles. Außer sterben. Nein, ganz so weit ist's noch nicht in Baden-Württemberg, aus dem der bekannteste und erfolgreichste Slogan aller Bundesländer stammt. Dort, wo man alles außer Hochdeutsch kann, leben die Menschen aber zwölf Monate länger als im Rest der Republik. Bei der letzten Auswertung der Sterbetafeln, vom Statistischen Bundesamt im März 2018 veröffentlicht, hat der Südwesten den Spitzenplatz bei der Lebenserwartung sogar noch weiter ausgebaut.

Nach der Statistik wird ein männliches Baby, das in Baden-Württemberg zur Welt kommt, im Schnitt 79 Jahre und sechs Monate alt. In Deutschland hingegen kann ein neugeborener Junge mit »nur« 78 Jahren und vier Monaten rechnen. Außerhalb von Baden-Württemberg sterben die Männer also 14 Monate früher. Die Mädchen leben noch länger: 83 Jahre und zwei Monate alt werden sie im gesamten Deutschland – und 84 Jahre im

Der bekannteste Slogan aller Bundesländer – seit 1999.

Wir können alles.
Außer Hochdeutsch.

Baden-Württemberg

Die Maschine hilft beim Spätzleschaben.

Wohlfühlland zwischen Bodensee und Hessen.

Auf der Webseite des Landesmarketings Baden-Württemberg (www.bw-jetzt.de) ist man stolz wie Bolle. Allerlei Vorschläge unterbreiten die Scherzbolde des Staatsministeriums, was man mit dem zusätzlich geschenkten Jahr anstellen kann. Man könnte, ist auf der Homepage der Landeswerber zu lesen, beispielsweise »eine Affäre beginnen oder beenden«. Oder 365 Feierabendbiere mehr trinken. Oder einen Jahreswagen mehr fahren. Ist dies nicht zum Totlachen, wie lustig man im Land des Spätersterbens ist?

Doch woran liegt es, dass die Württemberger und Badener länger das Zeitliche auskosten und es deshalb erst später segnen? Am Trollinger? Am badischen Wein? An den Spätzle oder Maultaschen? Liegt es an der hohen Zahl der Sonnenstunden am Oberrhein, an den Oasen am Bodensee und der guten Luft im Schwarzwald? Oder an der denkbar hohen Dichte der Dichter und Denker? An den Sehenswürdigkeiten, den Stätten des Weltkulturerbes, den meisten Sternerestaurants von Deutschland und dem Ehrgeiz der Bewohner? Mobilisiert die Rivalität der Schwaben und Badener gar noch weitere Kräfte und stachelt zum gegenseitigen Übertrumpfen und Überleben an? In diesem Buch findet man zahlreiche Einmaligkeiten dieses kraftstrotzenden, herzerquickenden und blühenden Bundeslandes, die vielleicht einen Hinweis darauf geben, warum viele Menschen in Baden-Württemberg das Glückslos ziehen und deshalb ihre Heimat so sehr lieben.

Demografie-Forscher schieben alles Romantische beiseite und nennen als Grund für die überdurchschnittliche Lebenserwartung im Südwesten an erster Stelle die Wirtschaftskraft der Region. Ein boomendes Land locke besonders viele Akademiker und ihre Familien an. Die »Vorreiter einer Gesellschaft«, so belegten Studien, lebten gesünder als der Durchschnitt der Bevölkerung. Sie ernährten sich besser, trieben mehr Sport und gingen häufiger zum Arzt. Und mit ihrer gesünderen Lebensweise steigerten sie die durchschnittliche Lebenserwartung insgesamt bis an die Spitze.

Ein Jahr mehr leben in Baden-Württemberg – dies könnte auch heißen: ein Jahr mehr lesen und ein Jahr mehr entdecken im eigenen Land nach der Buchlektüre! Längst weiß die Nation, dass in den Breiten, wo man wenig Hochdeutsch kann, nicht nur herzlose Schaffer wohnen. Die können alles. Sogar genießen.

Die Rivalität der Württemberger und Badener

B raut und Bräutigam haben sich viel Zeit gelassen. Über 800 Jahre existierten sie getrennt und eigenständig, erst dann haben sie »Ja« zueinander gesagt. Die Hochzeit von Baden und Württemberg im Jahr 1952 hat nicht allen gefallen. Bei der Volksabstimmung über die Bildung eines Südweststaats kam das »Nein« zur Trauung vor allem aus Südbaden, wo es in Freiburg bis dato noch einen eigenen Ministerpräsidenten gegeben hatte. Nur 38 Prozent votierten sieben Jahre nach Kriegsende für den Zusammenschluss zu einem Bundesland. Bisweilen könnte man meinen, die Sorge vor der Übermacht der Württemberger ist im »alten« Baden bis heute erhalten geblieben. Für die junge Generation aber sind die Stammesfehden von einst nur noch selten ein Thema. Spott und Häme freilich sind erlaubt. Beim Fußball kocht die alte Rivalität noch am schärfsten hoch. Um ganz korrekt zu sein: Schwaben leben nicht nur in Württemberg, es gibt sie beispielsweise auch in Bayern.

Fangen wir ganz vorne an. Der erste urkundliche Erwähnung von Württemberg wird auf das Jahr 1084 datiert. Der Landesteil Baden stuft seine Gründung im Jahr 1112 ein, als zum ersten Mal der Titel »Markgraf von Baden« vergeben worden ist. Strategische Eheschließungen sind aus adligen Zeiten bestens bekannt. Doch wie sieht es in der Demokratie aus? Wer ist Braut oder Bräutigam bei der Hochzeit über 800 Jahre nach der jeweiligen Geburt? Wer steht wem vor? Wer hat die Hosen an? Wer ist immer der Dumme? Stuttgart ist Landeshauptstadt, Stuttgart ist Regierungssitz, Stuttgart baut die besten Autos. In diesen drei Punkten haben Karlsruhe und Freiburg das

Nachsehen. Doch beim Doppelnamen wird erst Baden und dann erst Württemberg genannt. Etwa elf Millionen Menschen leben nicht in Württemberg-Baden, sondern in Baden-Württemberg. Und in Baden gibt es den besseren Wein, die Badener gelten als lebensfroher als die Schwaben, die zum Beispiel in Berlin einen ganz schlechten Ruf haben.

Die ersten Siedler im Stuttgarter Raum waren wohl Römer. Archäologische Funde zeigen, dass sich dort in der späten Merowingerzeit eine bäuerliche Siedlung befand, ein Gestüt. Daher auch der Name *Stuttgart*, der sich von *Stuotengarten* ableitet. Der nach drei Seiten abgeschlossene Talkessel erschien den damaligen Bauern ideal für die Pferdezucht. Die Siedlung nahe des Gestüts kam in den Besitz der Markgrafen von Baden, Hermann V. erhob *Stuotengarten* 1219 zur Stadt. Was wohl geschehen wäre, hätte Mechthild von Baden, die 1251 ins Württembergische heiratete, den Ort nicht als Mitgift bekommen, bleibt der Fantasie der Historiker überlassen. Die um 1225 geborene Tochter von Hermann V. heiratete jedenfalls Graf Ulrich I., genannt »der Stifter« (nämlich von Württemberg). Das Haus Baden konzentrierte im Folgenden seine Herrschaft auf die Besitzungen zwischen Pforzheim und Durlach sowie dem heutigen Baden-Baden. Weitere badische Besitztümer gab es damals rund um Lauffen am Neckar. Stuttgart ist also ganz klar eine badische Gründung!

Die Rivalität der Badener und Schwaben hat eine lange Tradition – sie geht auf Kaiser Napoleon zurück, der die Neuordnung Deutschlands erzwang. 1806 erhob er Württemberg zum Königreich, Baden blieb dagegen Großherzogtum. Wenn von den Unterschieden der Landesteile die Rede ist, hört man oft, die Württemberger seien als Schwaben mit pietistischem Hintergrund sparsamer und ehrgeiziger, die Badener hingegen könnten besser genießen. Klischees freilich neigen dazu, im Laufe eines langen Lebens zu verwischen.

1806 wurde Württemberg zum Königreich erhoben.

Zwar sind viele Menschen in Baden davon überzeugt, im schöneren Teil von Baden-Württemberg zu leben und den Württembergern kulturell und traditionell überlegen zu sein, doch sind sie sauer, weil sie glauben, von den anderen bevormundet zu werden. Badener sind vor allem deshalb sauer, weil sie sich bei der »Fusionitis« oft benachteiligt fühlen: etwa beim Südwestrundfunk, bei der Badischen Kommunalen Landesbank, der Gebäudebrandversicherung, dem Landesvermessungsamt, bei der Leitung der Karlsruher Münze – alles ging nach Stuttgart. Ihren Stolz drücken sie im »Badnerlied« aus.

»Sauschwab« versus »Badenser«. Die einen reden nicht immer nett über die anderen. Den bei den Schwaben üblichen Spottnamen »Badenser« mag man unter den »Gelbfüßlern« gar nicht, wie die Badener auch noch genannt werden (möglicherweise wegen der gelben Klauen, die der badischen Wappengreif einst hatte). Kein Mensch, wird in Karlsruhe argumentiert, sage »Heilbronnser« zu den Heilbronnern. Außerhalb von Baden-Württemberg wird wenig unterschieden, manchmal gar nicht. Als der Kolumnist Jan Fleischhauer auf »Spiegel Online« schrieb, der heutige Bundestagspräsident Wolfgang Schäuble sei ein Schwabe, schien es ihm, als protestiere jeder einzelner Badener bei ihm – so viele Mails erhielt er. Der CDU-Politiker ist in Freiburg geboren. Fleischhauer versuchte seinen Kopf mit dem Argument zu retten, dass außerhalb von Baden-Württemberg alle, die dort leben, als Schwaben gelten, so wie für die Bayern alle Norddeutschen als Preußen. Doch damit machte er alles noch schlimmer.

Denn wer heiratet, wie dies Baden und Württemberg nach über 800 Jahren 1952 getan haben, hält zwar zusammen, wird aber nicht eins. Die Unterschiede müssen bleiben, weil sie Vielfalt sind. Vielfalt macht das Leben reicher. Das Spotten und Sticheln der Badener gegen die Schwaben – und genauso natürlich umgekehrt – hilft in Wahrheit, dass beide Partner immer noch besser werden, weil man sich gegenseitig übertrumpfen will. Könnte sein, dass diese Ehe noch ein paar Jahrhunderte hält.

Wappen des Großherzogtums Baden.

G'schwätzt und gebruddelt –
Dialekte in Baden-Württemberg

Nach Sächsisch gilt Schwäbisch als der unbeliebteste deutsche Dialekt, so eine Umfrage. In dieser ist von »Badisch« keine Rede. Zu Recht, denn es gibt weder eine schwäbische und erst recht keine badische Mundart. Insofern ist der Werbeslogan »Wir können alles außer Hochdeutsch« zutreffend, aber undifferenziert. Im Norden des Musterländles dominieren fränkische Dialekte, genauer gesagt rheinfränkische, weiter östlich ostfränkische. Das Kurpfälzische gehört ebenso dazu wie das Hohenlohische, das in den Landkreisen Schwäbisch Hall, Bad Mergentheim und Hohenlohe gesprochen wird. Rund um Karlsruhe schwätzen, babbeln und bruddeln die Einheimischen südfränkisch. Diese Mundart gilt als weicher und melodischer. Die Karlsruher reklamieren für sich, »badisch« zu sprechen, wovon zwei Wörterbücher »Deutsch-Badisch« zeugen, die bei Langenscheidt erschienen sind. In einem Zeitungsbeitrag deklarierte ein Journalist eben das »Karlsruherisch« eines dieser Wörterbücher als »Hochbadisch« – es brachte ihm heftigen Widerspruch ein. Was die Beliebtheit in der Bevölkerung betrifft, ist dies allerdings nachzuvollziehen, zumal der badische Autor schlechthin, Harald Hurst, die Popularität eines Popstars erreicht und sogar mit dem schwäbischen Thaddäus-Troll-Preis ausgezeichnet wurde. Er machte seinen Karlsruher Dialekt literaturfähig. Die Mundart der ehemaligen Landeshauptstadt gilt als für Norddeutsche am besten verständlich. Vielleicht also ist das »Residenzbadisch« doch eine Art »Hochbadisch«. Harald Hurst hatte vermutlich auch *die meisten Zuhörer bei einem einzigen Auftritt,* die je ein deutscher Dichter hatte: Über 10 000 Besucher des Open Airs »Das Fest« in der Karlsruher Günther-Klotz-Anlage amüsierten sich königlich.

In den meisten Teilen Badens und Württembergs werden alemannische Mundarten gesprochen. Eine exakte Grenze zwischen den Mundarten lässt sich nicht ziehen, grob reicht sie von der Murg über Pforzheim und Backnang nach Ellwangen. Entlang des Rheins wird Oberrhein-Alemannisch gesprochen, von Norden nach Süden wird es für Auswärtige immer unverständlicher. Für Karlsruher oder Heilbronner wird es selbst im Hochschwarzwald oder am Bodensee mit dem Verstehen schwierig. So mancher süd- oder bodenseealemannische Dialekt ist ähnliches »Kauderwelsch« wie die Mundarten des Schweizer

Kantons Wallis, in dem »Höchstalemannisch« gesprochen
wird. Im Bereich des schwäbischen Pietismus, abschätzig
»Pietkong« genannt, ist ein schwäbisch-fränkischer Übergangsdialekt
zu hören, ansonsten unterscheiden Sprachatlanten grob zwischen Ost-
schwäbisch (mit Zentrum Aalen), Mittelschwäbisch (Stuttgart, Tübingen, Teile der Schwäbischen Alb) und Westschwäbisch (südlich von
Calw über Freudenstadt bis südlich Rottweil). Wobei kein Schwabe
gerne das Schwäbisch des Vorzeige-Schwaben schlechthin sprechen
möchte – gemeint ist Günther Oettinger, ein »sprachlicher Albtraum«,
wie die »Süddeutsche Zeitung« einmal notierte. Er spricht ein »Hono-
ratioren-Schwäbisch«, das sich im Zentrum der Macht aus verschiede-
nen regionalen Dialekten zusammengebraut hat. Ähnlich ergeht es den
Badenern mit Wolfgang Schäuble, der Auswärtigen permanent vermit-
telt, dass der Badener an sich wohl ständig vor sich hinbruddelt. Wie
gut, dass inzwischen Winfried Kretschmann schwäbischer Sympathie-
träger ist und Wolfgang Schäuble nicht mehr ganz so oft zu hören ist wie
zu seinen Zeiten als Finanzminister.

Ein Dutzend regionaler Dialekte also spricht man in Baden-Württemberg, von den vielen Regiolekten ganz zu schweigen. Und selbst kleinräumig unterscheiden sich die Sprachgewohnheiten: In den alten Karlsruher Ortsteilen etwa wird anders g'schwätzt als in der Kernstadt, wo man eher selten von »Grumbiere« spricht, sondern von »Kartoffel«, genauer: »Kadoffl«. Kein Wunder, entstand die Fächerstadt doch vor etwa 300 Jahren und wurde durch unzählige Migranten aufgebaut. Diese mussten sich irgendwie auf eine halbwegs verständliche Mundart einigen.

Das wohl älteste Kunstwerk der Welt stammt von der Schwäbischen Alb

Sie ist 40 000 Jahre alt und nur so groß wie ein kleiner Finger: die »Venus vom Hohle Fels«, während der Eiszeit aus Mammutelfenbein geschnitzt, das wohl älteste Kunstwerk, das geformte Weiblichkeit zeigt. Das Steinzeit-Sexsymbol mit den überdimensionierten Brüsten wurde im September 2008 am Südfuß der Schwäbischen Alb entdeckt. Im Tal der Ach, östlich von Schelklingen, liegt im Biosphärengebiet eine Höhle, die Archäologen den

Die Venus vom »Hohle Fels«.

»Hohle Fels« nennen – auseinandergeschrieben und undekliniert. Bekannter als für die besondere Orthographie ist der Ort für seine sensationellen Funde. Winzige und doch künstlerisch formvollendete Tierskulpturen hat man hier entdeckt, Mammuts, Höhlenlöwen, Pferde und Musikinstrumente etwa, aber auch Darstellungen von Mischwesen aus Mensch und Tier. Der eindrucksvollste Fund war die altsteinzeitliche, gerade mal sechs Zentimeter große Frauengestalt, deren Sexualmerkmale wie Brüste und das Schamdreieck größer sind als ihr Rest. Die Beine sind kurz und spitz. Auf den Schultern befindet sich anstelle eines Kopfes ein geschnitzter Ring. Zu bewundern ist die Venus im »Museum für Urgeschichte« in Blaubeuren. Sie hat der Schwäbischen Alb zu einem weiteren Anziehungspunkt verholfen. Zwischen Bodensee und Stuttgart erstreckt sich eines der schönsten Ausflugsziele Deutschlands. Die Alb, wo es stets »einen Kittel kälter« ist als anderswo, ist ein von der UNESCO anerkanntes Biosphärengebiet, also eine Kulturlandschaft mit besonderer und reicher Natur, in der sich unzählige Tier- und Pflanzenarten wohl fühlen. Inmitten von schroffen Felsen, blühenden Wiesen und Heiden, beim Spazieren oder Radfahren in ausgedehnten Buchenwäldern und schönen Tälern geht es auch den Menschen gut.

Schweine, Ochsen, Brot und Bier – die größten Flöße der Menschheitsgeschichte

....

Holz aus dem Schwarzwald war von jeher als Baustoff begehrt, die Flößerei existiert hier seit dem Mittelalter. So ist die 1488 gegründete Murgschifferschaft heute *die älteste Forstgenossenschaft Deutschlands.* Sie war der erste Zusammenschluss von Holzhändlern und Flößern mit eigenen Statuten, der »Ordung des gemeynen Holtzgewerbs im Murgentall«, mit Sitz in Gernsbach. Die Murgschifferschaft besitzt immer noch 5000 Hektar Wald. Dies ist auch der Hauptgrund, weshalb der Nationalpark Nordschwarz-

Jede Menge Holz – Flößerei im Schwarzwald.

Schwarzwaldtannen für Holland.

wald in zwei Teile »zerfällt« – das Gebiet dazwischen gehört der Murgschifferschaft.

Bis nach Holland wurden die Stämme der Schwarzwaldbäume verkauft, im Nordschwarzwald waren der Holzhandel und die Flößerei für viele Städte Haupterwerbsquellen, etwa für Wolfach oder Schiltach. Der Holzbedarf wuchs bis zum 18. Jahrhundert in den Niederlanden so stark an, dass weite Teile des Nordschwarzwalds völlig entwaldet waren. Die Schwarzwaldtannen waren nämlich ideale Rammpfähle für die Fundamente des sumpfigen Untergrunds von Städten wie Rotterdam und Amsterdam. »Holländer« wurden denn auch die großen, besonders wertvollen und bis zu 200 Jahre alten Tannen genannt, die mit Weiden zusammengebunden zuerst über die Nebenflüsse des Rheins versandt wurden. Die Wasserwege mussten mit Stauanlagen ausgebaut werden, damit man die Flöße quasi die Täler mit einem großen Schwall Wasser hinunterspülen konnte. In der Blütezeit des Holzhandels waren die Flöße zwischen 200 und 400 Meter lang und bis zu 80 Meter breit, bestehend aus mehreren tausend Stämmen. Über 400 Mann wurden zur Steuerung benötigt, die Reise dauerte mehrere Wochen. Gewaltige Mengen an Lebensmitteln wurden mitgeführt, um die Mannschaften zu verpflegen und bei Laune zu halten. Lebende Schweine und Ochsen, tonnenweise Brot und viele tausend Liter Bier wurden transportiert, in einem Fall sind 90 000 Liter überliefert.

Die Infrastruktur glich einem Dorf zu Wasser und schloss Unterkünfte, Küchen, Wäschereien, Bäckereien, Viehställe und Schlachthäuser ein – *die Flöße aus dem Nordschwarzwald waren wahrscheinlich die größten der Menschheitsgeschichte.* Die Flößer schufen sich Nebeneinnahmequellen, nahmen gegen Geld Reisende und Handelswaren mit sowie Eichenholz, das als Material für Flöße nicht zu gebrauchen war – Eichen waren noch begehrter als die Schwarzwaldtannen, da man sie zum Schiffbau verwendete. Die Flößer lebten gefährlich, die Gefährte mussten mit Händen und Füßen am Ufer entlang, um Felsen herum oder gar über sie hinweg geleitet werden. Strudel und Untiefen waren zusätzliche Hindernisse. Viele Flößer ertranken oder wurden zerquetscht. Mit dem Ausbau der Straßen und des Schienennetzes wurde die Flößerei gegen Ende des 19. Jahrhunderts nach und nach eingestellt, der Nordschwarzwald konnte sich erholen. 1967 legte das letzte Floß ab; in Gengenbach, Wolfach und Schiltach gibt es Vereine, die sich der Tradition verschrieben haben und weiterhin Flöße bauen, wenn auch in deutlich kleinerem Maßstab und zur Gaudi von Touristen.

Alt, lang, berühmt, mit und ohne Zähne – Seilbahnen im Südwesten

Eine Standseilbahn ist an Schienen gebunden und wird mittels eines Drahtseils bewegt – so eine einfache Definition. Die Geschichte des Personentransports, um Höhenunterschiede zu überwinden, reicht zurück bis ins Jahr 1845, als die erste Standseilbahn bei den Niagarafällen erbaut wurde. *Die älteste noch in Betrieb befindliche deutsche Standseilbahn* fährt nicht in den Alpen, auch nicht im Hochschwarzwald, sondern an einem bescheidenen Buckel: Sie führt von Karlsruhe-Durlach auf den Turmberg (256 Meter).

Das »Bähnle« überwindet einen Höhenunterschied von 100 Metern bei einer maximalen Steigung von 36,2 Prozent. Eröffnet wurde die Turmbergbahn am 1. Mai 1888 als Wasserballastbahn – die talwärts fahrende Kabine wurde mit 4000 Litern Wasser befüllt, so dass sie die bergauf fahrende nach oben ziehen konnte. Zwar wurden im Jahr 1887 zwei Seilbahnen am Malberg (Bad Ems) und am Neroberg (Wiesbaden) eröffnet, deren Betrieb ist aber schon lange eingestellt. Ursprünglich zweigleisig, wurde die Turmbergbahn 1966 umgebaut. Heute ist sie eine eingleisige Bahn mit Ausweichstelle. Unterbrochen werden musste der Betrieb nur während des Zweiten Weltkriegs. Die Bahn wurde 1945 beschädigt, in den Genuss der motorisierten Aufstiegshilfe kamen die Karlsruher wieder 1946.

Spektakulärer als das Durlacher Bähnle ist *die längste deutsche Standseilbahn*. Im Vergleich zu ihren alpinen Schwestern ist die Strecke von knapp 1,5 Kilometern bescheiden, welche die Heidelberger

Die älteste und die längste Standseilbahn. Königstuhlbahn überwindet. Dafür ist sie berühmter als die meisten anderen Seilbahnen, denn die untere der beiden Etappen führt vom Kornmarkt am Rande der Altstadt zum Heidelberger Schloss und weiter zur Station »Molkenkur«. Bis hierher beträgt der Höhenunterschied 173 Meter und die Länge 455 Meter. Etappe Nummer zwei führt nach einem Umstieg von Molkenkur auf den Königstuhl, den Hausberg der Heidelberger. Höhenunterschied hier: 261 Meter, Streckenlänge 974 Meter.

Die untere Sektion wurde 1890 eröffnet, die obere 1905. Die historischen Waggons des oberen Teils sind heute noch in Betrieb, wurden jedoch 2005 auf den neuesten (sicherheits-) technischen Stand gebracht. Als die Seilbahn Ende des 19. Jahrhunderts gebaut wurde, protestierte die Bevölkerung, man befürchtete eine Landschaftsverschandelung. Als der Betrieb in den 1960er-Jahren eingestellt werden sollte, regte sich wieder Protest, diesmal freilich aus ganz anderen Gründen: Den Heidelbergern war die Seilbahn ans Herz gewachsen wie ihr Schloss. Auch die Durlacher waren anfangs nicht begeistert. Die Gastwirte fürchteten, dass die Ausflügler ihr Geld lieber bei dem Konkurrenten in der Höhe als im Tal ausgeben würden, und die Weinbergbesitzer wollten finanziellen Ersatz für die verlorenen Weinstöcke.

Aber auch die Württemberger hatten in Sachen Bergbahnen die Nase vorn, dabei allerdings keine Touristen im Visier. 1876 wurde in

Wasseralfingen bei Aalen *die erste Zahnradbahn Deutsch-lands* in Betrieb genommen. Sie transportierte das Erz aus der Grube »Tiefer Stollen« zu Tal, wo es verarbeitet wurde. Die Pläne reichten zurück bis ins Jahr 1855. Die fürstpröpstlichen Eisenschmieden entschieden sich unter der Leitung des Oberbaurats Georg von Morlok für eine 1,8 Kilometer lange meterspurige Zahnradbahn. Sie bewältigte 763 Meter Strecke und überwand 70 Höhenmeter. Im ersten Betriebsjahr transportierte sie fünf Züge pro Tag mit sechs Kipploren, 70 Tonnen Erz und fast ebenso viel Schlacke. Die Geschichte der ersten deutschen Zahnradbahn endete mit der Förderung im Jahr 1924, die Lok wurde 1943 verschrottet – man brauchte das Altmetall für Kriegszwecke. Seit 1987 ist der »Tiefe Stollen« als Besucherbergwerk zugänglich inklusive Grubenbähnle.

Die teuerste Brücke aller Zeiten

G anze 20 Meter ist die Scheffelbrücke lang. Sie ist eine Straßenbrücke, die über das Flüsschen Radolfzeller Aach in Singen am Hohentwiel führt. Das unspektakuläre Bauwerk wurde während der Inflationszeit 1923 gebaut und kostete laut Inschrift eineinhalb Billiar-

den Mark. Genauer: 1 520 940 901 926 024 Mark. Damit ist sie nicht nur die teuerste Brücke der Welt, sondern auch das teuerste Bauwerk überhaupt. Selbst beim Bau der chinesischen Mauer und sämtlicher Pyramiden Ägyptens dürften die damaligen Finanzbeamten mit deutlich kleineren Zahlen jongliert haben.

Die allererste Waldorfschule wurde in Stuttgart eröffnet

Weltweit gibt es etwa 1100 Waldorfschulen – die allererste wurde 1919 in Stuttgart eröffnet. Bei der Waldorfschule denken viele an Namen, die getanzt werden – doch wissen sie auch, dass der Schulname auf Zigaretten zurückgeht? Emil Molt, der Gründer der im Stuttgarter Osten beheimateten Waldorf-Astoria-Zigarettenfabrik, wollte begabte Kinder seiner Arbeiter fördern.

Dazu gründete er eine betriebseigene Schule, für die er als Leiter und Lehrerausbilder den österreichischen, anthroposophisch geprägten Publizisten, Esoteriker und Vortragsredner Rudolf Steiner gewinnen konnte. Die erste Waldorfschule der Welt entstand nach dem Ersten Weltkrieg auf der Uhlandshöhe über dem Talkessel der Landeshauptstadt und wurde zum Modell einer weltweiten Schulbewegung. Das alternative Bildungskonzept nach Steiners Lehre basiert darauf, dass sinnliche Elemente – rhythmisches Sprechen, Singen, Bewegung – eine große Rolle spielen. Schwerpunkte liegen auf handwerklichen und musischen Fächern. Revolutionär war die betriebseigene Schule des Stuttgarter Zigarettenfabrikanten, weil sie jedes Kind aufnahm, unabhängig von seiner Herkunft, Konfession oder Nationalität. Jungen und Mädchen durften gemeinsam den Unterricht besuchen und keiner musste Angst haben, sitzenzubleiben – denn die »Ehrenrunde« gibt es in diesem Schulsystem nicht.

Steiner hatte die Befreiung des Bildungswesens von staatlicher Bevormundung gefordert und die Anthropologie, also die »allgemeine Menschenkunde«, zum obersten Maßstab aller pädagogischen Bemühungen ernannt. Angst, Ehrgeiz und Liebe seien drei Erziehungsmittel, sagten Steiners Erben und gaben als Losung aus: »Auf die ersten beiden verzichten wir.«

Waldorfschulen boomen. In den Großstädten werden die Plätze oft knapp – die Vorurteile gegenüber dieser Art von Unterricht lassen trotzdem nicht nach. Je besser die Schüler damit umgehen können, möglichst locker und humorvoll, desto fitter sind sie fürs Leben. Heute ist die Waldorfschule eine ganz normale, aber etwas andere Schule.

Rudolf Steiner prägte die Waldorfschule, die nach einem Zigarettenfabrikanten benannt ist.

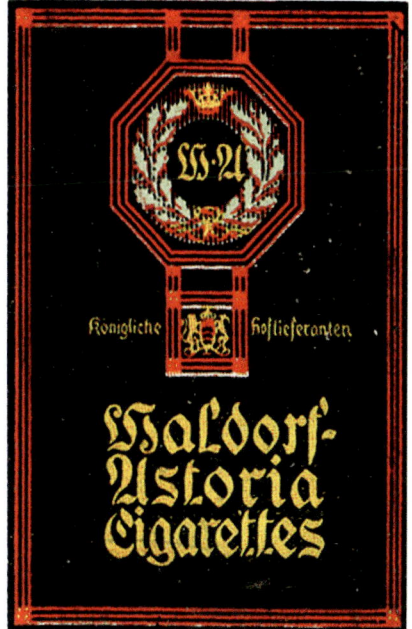

Das Stammland der Grünen

In der politischen Berichterstattung spricht man gerne vom »Stammland der Liberalen« im Zusammenhang mit Baden-Württemberg. Aber es ist vielmehr das Stammland der »Grünen«. Mit der Anti-AKW-Bewegung – etwa im Kampf gegen das Kernkraftwerk Wyhl – war im Ländle eine mächtige außerparlamentarische Opposition angewachsen. Die etablierten Parteien ignorierten auch andere Themen wie Wettrüsten, Waldsterben, Diskriminierung und Überwachung. Ab 1977 zogen grüne und bunte Listen in die Kommunalparlamente ein. Am 12. und 13. Januar 1980 war es dann so weit. In der Karlsruher Stadthalle versammelten sich 1004 Delegierte, um mit einer neuen Partei mit dem Namen »Die Grünen« eine Revolution zu wagen. Mit dabei waren unter anderem der Künstler Joseph Beuys, Petra Kelly, Jutta Ditfurth, Daniel Cohn-Bendit, Joschka Fischer und Otto Schily. Alle machten später sehr unterschiedliche Karrieren. Kurz vor dem Parteitag, am Heiligabend 1979, war Rudi Dutschke verstorben. Der Ikone der 68er-Bewegung gedachten die Delegierten stehend. Eröffnet wurde der Parteitag vom ehemaligen CDU-Mitglied Herbert Gruhl. Er stand unter einem Transparent mit der Aufschrift »Die Grünen – ökologisch, basisdemokratisch, sozial, gewaltfrei« und fühlte sich vom »Geist

Grünen-Gründer: Otto Schily und Petra Kelly.

der Geschichte« umweht, wie so mancher andere Politiker bei anderen Gelegenheiten.

Der Parteitag, bei dem Atomkraftgegner, »Spontis«, Pazifisten, Militante aus kommunistischen Kadergruppen, Feministinnen, konservative Naturschützer mit Schlips, Punks und Ökobauern diskutierten, verlief chaotisch. Ein Gründungsbeschluss musste her, aber die Zeit wurde immer knapper, eine Frist lief ab, es wurde einem Aufschub stattgegeben, wieder wurde es knapp. Schließlich gelang die Gründung, später hat sich herausgestellt, dass jemand die Saaluhr um zehn Minuten zurückgedreht hatte. Im Parteiprogramm verankert war als wichtigstes Ziel der Umweltschutz – eine politische Revolution. Die weitere Entwicklung ist bekannt. Am 6. März 1983 zogen die Grünen zum ersten Mal in den Bundestag ein, Joschka Fischer prägte anfangs die Republik in Turnschuhen und legendären Sätzen wie: »Mit Verlaub, Sie sind ein Arschloch, Herr Präsident.« Aber auch er wurde während seines langen Marsches durch die Institutionen zunehmend staatstragend. Wie die gesamte Partei bis hin zum ersten grünen Ministerpräsidenten, Winfried Kretschmann.

Historisch: das erste Partei-Logo der Grünen.

Stuttgart 21 – der größte Streitfall in der Geschichte der Württemberger

Nicht über alles, was einmalig ist, herrscht Freude. Das Verkehrs- und Städteprojekt Stuttgart 21 hat bei der *Deutschen Bahn* für ein einmaliges Desaster gesorgt. Heute will keiner mehr Schuld daran haben. Gleich zwei Chefs des zu hundert Prozent bundeseigenen Unternehmens haben versichert, sie hätten den unterirdischen Bahnhof nicht auf den Weg gebracht, der für immer neue Kostenexplosionen sorgt. Rüdiger Grube, der Anfang 2017 als Vorstandschef der Bahn zurückgetreten ist, versicherte, *Stuttgart 21* »nicht erfunden« zu haben. »Ich hätte es auch nicht gemacht«, sagte er im Jahr 2016. Und sein Nachfolger Richard Lutz erklärte: »Mit dem Wissen von heute würde man das Projekt nicht mehr bauen.«

Komplett aus dem Ruder gelaufen ist das riesige Bauvorhaben, von dem Rüdiger Grube einmal sagte, nur bis zu einem Kostenrahmen von 4,5 Milliarden Euro sei es wirtschaftlich sinnvoll. Seit 2009 ist das Volumen höher als die Wirtschaftlichkeitsgrenze. 2013 standen bereits 6,5 Milliarden in der Kalkulation und Anfang 2018 waren es sogar 8,2 Milliarden Euro. Man muss also ordentlich drauflegen, verdient wird nichts mehr daran. Der Bahn-Aufsichtsrat verschob die Eröffnung auf 2025. Und keiner weiß, wie lange sich die neuen Zahlen halten lassen und ob nicht neues Geld in Stuttgart verbrannt wird – Geld, das dem Zugverkehr in

Noch ist unklar, wann alles fertig sein wird.

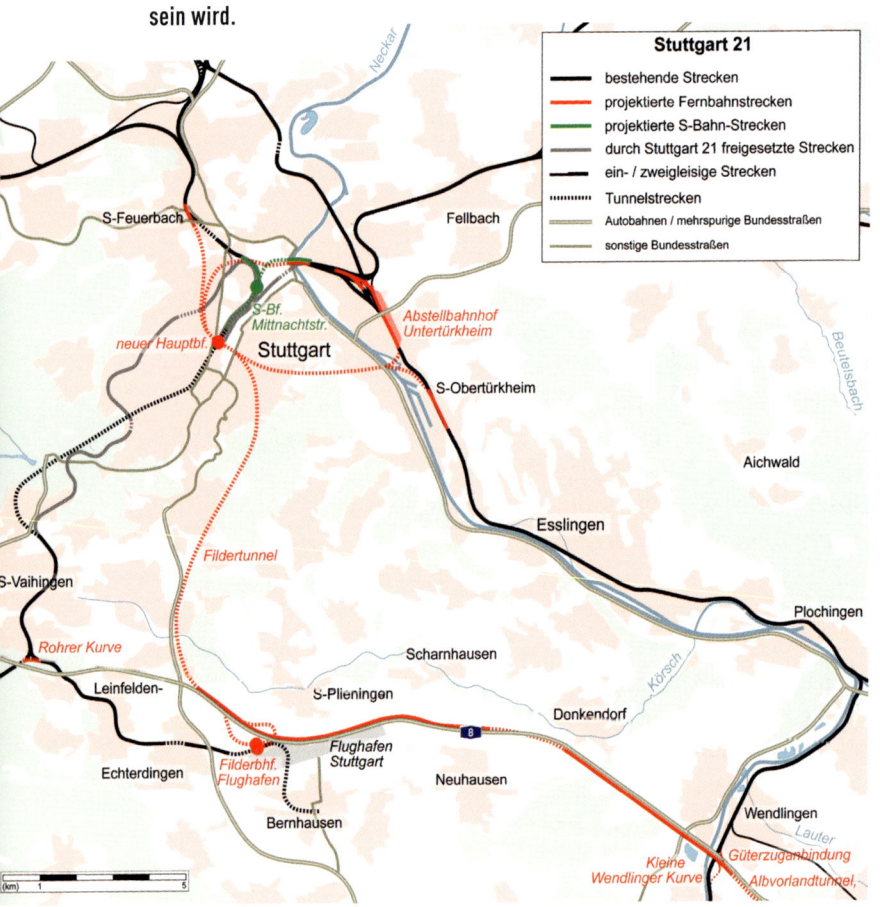

Deutschland dann an anderer Stelle fehlt. Dennoch gilt die Devise »Augen zu und durch«. Würde man das Projekt beenden und zurückbauen, käme es wesentlich teurer, versichert die Bahn.

Der Stuttgarter Bahnhof kommt unter die Erde.

Stuttgart 21 ist der größte Streitfall in der Geschichte der baden-württembergischen Landeshauptstadt. Wer in der Republik die Autometropole nur flüchtig oder gar nicht kennt, weiß eines garantiert: In Stuttgart haben viele Bürger so viel Wut, dass das Wort »Wutbürger« zum Wort des Jahres 2010 wurde. Mit wütenden Bürgerinnen, die es natürlich auch gibt, kämpfen sie seit vielen Jahren gegen den geplanten Tiefbahnhof.

Nie zuvor gab es in Stuttgart so gewaltige Proteste wie gegen den Tiefbahnhof und die damit verbundenen Spekulationsobjekte auf den frei werdenden Gleisanlagen. »Milliardengrab«, skandieren Demonstranten immer wieder montags. Ihr Ruf »Oben bleiben« ist in der Stadt bekannter als jedes Kinderlied und hallt auch anderswo in Deutschlands Ohren. »Parkschützer« ketteten sich in die Bäume im nahe gelegenen Schlossgarten, um die Rodung zu verhindern. Am »Schwarzen Donnerstag« im Jahr 2010 setzte die Polizei Wasserwerfer ein, um das Baufeld zu räumen. Der Rentner Dietrich Wagner verlor dabei fast sein gesamtes Sehvermögen.

Die Protestbewegung gegen S21 war ein wichtiger Grund, warum die Grünen mit ihrem Spitzenmann Winfried Kretschmann im Mai 2011 an die Regierung kamen. Die Volksabstimmung, die sie durchsetzten, warf die Gegner des tiefergelegten Bahnhofs erst einmal weit zurück. »So ist Demokratie«, erklärte der Ministerpräsident nach der Wahl, »die Mehrheit des Volkes wollte S21, also wird das jetzt gebaut.« An diese Volksabstimmung seien Land und Stadt nach der Verfassung gebunden. Dies habe nichts damit zu tun, was er persönlich wünsche, sagte Kretschmann. Auch sein Parteifreund, Stuttgarts Oberbürgermeister Fritz Kuhn, war einst ein rhetorisch versierter Gegner des Bahnprojekts. Heute sagt er, die vielen Bauaufträge seien gut für die Stadt. Nur müsse man zügig vorankommen. »Nicht hinter jedem Bagger sollte ein Anwalt stehen, der klagt«, findet der Grüne inzwischen.

Ein tiefer Graben zieht sich durch die Stadt. Auf Jahre wird sich daran nichts ändern. Und in den Sternen steht, wie viele Jahre es noch dauern wird, bis der erste Zug unterirdisch in Stuttgart ankommt.

Die kleine U-Bahn-Strecke von Karlsruhe

Während sich in Stuttgart das wohl größte Desaster der Deutschen Bahn abzeichnet, liebt man es in der badischen Metropole Karlsruhe eher klein und überschaubar. Etwa dreieinhalb Kilometer lang ist dort die tiefergelegte Strecke für die U-Bahn. Ziel ist es, die 1,2 Kilometer lange Fußgängerzone von Schienen zu befreien. Doch mit der »kleinsten U-Bahn der Welt« schafft es die Fächerstadt doch nicht ins Guinnessbuch der Rekorde. Berlin kann mit seiner U-Bahn-Linie 55 zwischen Kanzleramt und Brandenburger Tor dank einer Strecke von nur 1,8 Kilometern Länge das Prädikat »Kleiner geht's nimmer« für sich verbuchen. Karlsruhe kommt mit dem Südabzweig des Tunnels auf genau 3342 Meter. Voraussichtliche Kosten 1,2 Milliarden Euro – pro Tunnelmeter sind das etwa 360 000 Euro. Wenigstens das ist rekordverdächtig

Die schwäbische Kehrwoche – offiziell ist sie abgeschafft

Nichts sei schwäbischer und für Zugezogene nerviger als die Kehrwoche, heißt es oft. Der angeblich in diesen Breiten heftig ausgeprägte Sauberkeitsfimmel ist ein unerschöpfliches Thema für alle Rei'geschmeckte. Dabei ist die Kehrwoche seit Ende der 1980er-Jahre

Kehr-Woche

Nach der Hausordnung sind im wöchentlichen Wechsel, beginnend mit jedem Sonntag früh, zu reinigen

vom oberen Stockwerk auf den Dachboden:
Die Treppen, Treppenhausfenster und Vorplätze
gegen das Untergeschoss und den Keller.

Die Treppen, Vorplätze und Gänge
außerhalb des Gebäudes.

Die Knöpfe der Klingelanlage, die Haustüre einschließlich des Schlosses, der Hof sowie die Treppen, Zugänge und Einfahrten zur Haustüre, die Gehwege ???, die Straße nach der örtlichen Polizeiverordnung sowie im Winter täglich (im Bedarfsfall mehrmals täglich) Schnee und Eis zu beseitigen und anschließend zu streuen.

Der bei der Kaminreinigung innerhalb der Kehrwoche anfallende Ruß ist sofort gründlich zu entfernen.

Das Reinigen der Treppen und der Treppenhausfenster besorgen die Mieter im Wechsel je für ihr Stockwerk. Ebenso???

In dieser Woche ist die Reihe an Ihnen

Das Kehrwochenschild wandert Woche für Woche.

gar keine Pflicht mehr – zumindest in Stuttgart, dessen Gemeinderat 1988 eine uralte Tradition für beendet erklärt hat. Gern wird in diesem Zusammenhang die Geschichte von Frau Schmidt erzählt – wer auch immer Frau Schmidt war. Zum Abschied aus Berlin hatte sie jedenfalls von den Kollegen eine Kutterschaufel und einen Feger aus Rosshaar geschenkt bekommen. Mit dem schwäbischen Notfall-Set sollte sie für die Kehrwoche gerüstet sein, meinten die Kollegen. Die mussten im Unrat der Hauptstadt bleiben, während Frau Schmidt bei Daimler Karriere machte. Schaufel und Feger hängen noch immer wie neu in ihrer Küche. In der Wohnanlage gibt's den Hausmeisterservice. In Mietverträgen allerdings werden Putzdienste – von Haus zu Haus verschieden – vorgeschrieben. Meist wird zwischen der kleinen und der großen Kehrwoche unterschieden. Bei der kleinen Kehrwoche muss der Bewohner den Flurbereich vor seiner Wohnungseingangstüre und den zum nächsten Stockwerk hinunterführenden Treppenabschnitt im wöchentlichen Wechsel mit den Etagennachbarn säubern. Bei der großen Kehrwoche reinigen die Bewohner im wöchentlichen Wechsel Kellertreppe und Flur, Hauseingang, den Gehweg des Hauses und Gemeinschaftsräume. All dies ist freilich kein Problem für waschechte Schwaben, von denen man sagt, sie würden Mülltonnen auch innen auswischen.

Die gute, alte Kehrwoche geht auf eine Vielzahl von Gesetzen zurück, die seit Ende des 15. Jahrhunderts in Württemberg erlassen wurden, um die Menschen zu Sauberkeit anzuhalten und die Verbreitung von ansteckenden Krankheiten zu verhindern. Graf Eberhard im Barte verlangte bereits 1492 von seinen Untertanen:»Damit die Stadt rein erhalten wird, soll jeder seinen Mist alle Wochen hinausführen, jeder seinen Winkel alle vierzehn Tage, doch nur bei Nacht, sauber ausräumen lassen. Wer kein eigenes Sprechhaus (WC) hat, muss den Unrath jede Nacht an den Bach tragen.«

Dies liegt lange zurück, so viele Bäche gibt es gar nicht mehr. Heute wird die Kehrwoche von Auswärtigen als typisch schwäbische Eigenart verspottet. Der 2017 verstorbene Schriftsteller Peter Härtling, in Nürtingen aufgewachsen, lobte die Tradition:»Die Kehrwoche führt eine demokratische Praxis vor. Der Schmutz aller wird nicht einem aufgeladen, sondern ein jeder kehrt ihn für einen jeden fort. Das ist ein Stück Common Sense, praktizierter Bürgersinn.«

Noch ein kleiner Tipp für Menschen, die ins Schwabenland ziehen: Die Kehrwochen-Pflicht, sofern sie der Mietvertrag verlangt und man nicht mit Hinweis auf den Stuttgarter Gemeinderatsbeschluss von 1988 dagegen klagen will, sollte am besten samstagvormittags erledigt werden. Zu diesem Zeitpunkt ist die Chance am größten, von Mitbewohnerinnen und Mitbewohnern gesehen zu werden. Am besten sollte man mit dem Besen dazu noch gegen das Treppengeländer donnern, damit alle im Haus mitbekommen: Sauberle, da macht jemand sei' Kehrwoch'!

Forever young – die jüngsten Städte in Deutschland

Deutschland altert, das ist bekannt. Auch Baden-Württemberg ist davon betroffen, allerdings in recht unterschiedlicher Weise. Der durchschnittliche Baden-Württemberger des Jahres 2016 war 43,3 Jahre alt. Die Universitätsstadt Tübingen mit ihren etwa 27 000 Studenten bei einer Gesamteinwohnerzahl von etwas über 88 000 Menschen kam 2015 auf einen Durchschnitt von 39,1 Jahren und war damit die »jüngste« Stadt der Bundesrepublik. Je nach Studierendenzahlen wechseln sich Freiburg, Heidelberg und Tübingen ab, was das Attribut *jüngste Stadt Deutschlands* betrifft: 2017 war es Freiburg (40,2 Jahre). Stark vergreist ist dagegen Baden-Baden. Das Statistische Landesamt meldete 2017, dass die Stadt an der Oos mit 47,4 Jahren die *im Durch-*

schnitt älteste Bevölkerung in Baden-Württemberg habe. Gegenüber einigen Städten im Osten, wie Görlitz, der »ältesten« Stadt Sachsens mit 48,5 Jahren, kann die badische Kurstadt nicht mithalten. Baden-Württemberg ist damit etwas *jünger als der Durchschnitt der Euro-Zone* (43,6 Jahre) und deutlich jünger als Max Mustermann und Lieschen Müller (45,8 Jahre) in der Bundesrepublik.

Schreiben für die Ewigkeit – das einzige deutsche Tagebucharchiv

Viele Menschen schreiben Tagebuch, aber nicht jedes ist bedeutsam, und wohl keines beginnt mit den Worten »Liebes Tagebuch«. Die interessanten und relevanten sammelt das einzige Tagebucharchiv in Deutschland mit Sitz im Alten Rathaus in Emmendingen. Gegründet wurde es 1998 auf private Initiative von Frauke von Droschke. Der Verein, dem sie 18 Jahre lang vorstand, hat heute etwa 630 Mitglieder und einen hochkarätig besetzten Beirat. Das Archiv versteht sich laut Satzung »als Aufbewahrungsort solcher Zeitzeugnisse aus dem deutschen Sprachraum. Tagebücher, Lebenserinnerungen und Briefe werden dort gesammelt, archiviert, fachgerecht aufbewahrt und sowohl der Wissenschaft als auch der Allgemeinheit zugänglich gemacht.« Bis Ende 2017 wurden knapp 17700 Dokumente eingelagert von über 3800 Autoren, davon 54 Prozent Männer und nur wenige aus dem Ausland. Eine Menge Arbeit für 1,5 Angestellte und etwa 80 ehrenamtliche Helfer.

Im Bestand des Deutschen Tagebucharchivs (DTA) finden sich vergleichsweise »junge« Tagebücher,

Hier finden Tagebücher ihre »letzte Ruhe«.

das älteste schrieb der Neuenbürger Pfarrer Gottlieb Christoph Bohnenberger (1732–1807). Der Feldprediger nahm am Siebenjährigen Krieg teil und war mit seinem Regiment in Thüringen und Sachsen unterwegs. Den Schwerpunkt bilden die beiden Weltkriege und Lebenszeugnisse aus der ehemaligen DDR. Kindheit und Jugend, Liebe und Reisen sowie das Berufsleben – all das ist in den Abertausenden Seiten zu lesen. Das ist ein unermesslicher Fundus für Wissenschaftler, die sich mit dem Alltag der Menschen beschäftigen. Wer Interesse hat an der Überlassung eigener oder geerbter Tagebücher, schließt mit dem DTA einen Vertrag. Jedes Dokument durchläuft dann einen mehrstufigen Archivierungs- und Erschließungsprozess, bis hin zur Speicherung als Datei und der Aufnahme in eine Datenbank, um es für Recherchen zur Verfügung zu halten. Inzwischen sind auch viele Publikationen erschienen, und ein Museum dokumentiert die Arbeit des DTA für die breite Öffentlichkeit, die sich überdies bei Führungen informieren kann.

Ein Tunnel für Hebammen und Geschichte in Dosen

Am, genauer *im* Schauinsland, dem so genannten »Erzkasten«, wurden 700 Jahre lang Silber, Zink und Blei abgebaut, bis die Anlagen 1954 wegen Unwirtschaftlichkeit aufgegeben wurden. Es sind 70 verschiedene Mineralien bekannt, die beim Abbau von Bleiglanz und Zinkblende – beide sind silberhaltig – gefunden wurden.

Aus den Zeiten des Bergbaus erhalten geblieben sind zwei Stollen. Erstens der »Kappler Stollen«, der die Orte Kappel und Hofsgrund verband. Da sowohl Kinder als auch Hebammen die Verbindung als Abkürzung nutzen durften, hieß er auch *Hebammenstollen*. Für die Kinder, die im Winter durch den Stollen von Hofsgrund zur Schule nach Kappel gingen, bedeutete die Abkürzung: länger schlafen! Allein durften sie nicht durch den Tunnel, ein italienischer Führer sorgte für Disziplin und mit italienischen Marschliedern für Tempo. Pro Tour bekam er vom Erzbergwerk Kappel 30 Pfennige, die Eltern der Kinder waren schließlich allesamt Mitarbeiter.

Im zweiten Stollen, benannt nach Barbara, der Schutzheiligen der Bergleute, ist *das »Backup« Deutschlands* untergebracht, unser kulturelles und historisches Gedächtnis. Geschichte ist dort in Dosen eingelagert.

15 Kilometer von Freiburg entfernt in der Nähe des Örtchens Oberried, hinter fast 700 Metern Granit und Gneis lagern 25 000 Kilometer Mikrofilme, die im Ernstfall sogar einen Atomkrieg überdauern sollen. Von der Krönungsurkunde Ottos des Großen aus dem Jahr 936 bis hin zu den akribisch geführten Vernichtungsbüchern der Konzentrationslager lagern hier Kopien von Dokumenten der deutschen Geschichte. Sie sollen 1500 Jahre lang halten, bevor neue Kopien erstellt werden müssen. Der Barbarastollen bei Oberried unterliegt dem Sonderschutz der Haager Konvention und darf unter keinen Umständen angegriffen werden. In einem Radius von drei Kilometern darf auch in Friedenszeiten kein Soldat in Uniform Dienst tun – die Oberrieder Bürger leben also besonders sicher!

Das größte europäische Mikrofilmarchiv existiert seit 1975, die Verfilmung begann 1961. Jährlich kommen zwei Dutzend luftdicht verschlossene Edelstahl-Fässer mit je 15 Millionen DIN-A4-Seiten an. Das kulturelle und historische Endlager wird elektronisch penibel überwacht und ist sicherer als jede Bank. Genutzt werden darf es nicht, dazu sind die Originale in den Archiven vorhanden. Falls einmal der Notfall eintreten sollte und man in ferner Zukunft auf das Endlager zurückgreifen müsste, so lassen sich die Filme übrigens ohne große technische Mühe mit einer normalen Lupe lesen.

Eingedost: das »Backup Deutschlands«.

Die alemannische Fastnacht – jahrhundertalte Traditionen leben fort

Funkenmariechen, die hoch die Beinchen schwingen, gibt es hier keine – stattdessen stampfen, hopsen und springen Hexen, Hansel, Butzen und Teufel faszinierend bunt durch die Straßen. Die schwäbisch-alemannische Fastnacht ist wilder und ursprünglicher als der jüngere rheinische Karneval. Während sich in Köln, Mainz oder Düsseldorf Karnevalssitzungen in Sälen und Straßenumzüge mit Motivwagen etablierten, hält man im Südwesten an den uralten Überlieferungen historischer Figuren fest.

Längst ist die Zahl der schwäbisch-alemannischen Fastnachtsgestalten unüberschaubar groß. Manche Narren stauben zur Begrüßung der fünften Jahreszeit ihr Häs ab, das für die Träger mehr ist als eine Verkleidung – es ist ein Heiligtum für sie. Andere schwingen, bevor es losgeht, eine knallende Peitsche, was auch als »schnellen« bezeichnet wird. Somit wird die Fastnacht, die als Nacht vor dem Fasten auch Fasnet oder Fasnacht genannt wird, »eingeschnellt«.

Die Hästräger vermummen sich unter der Larve, was ein anderer Begriff für Maske ist. Dieses Wort stammt aus dem Lateinischen (*larva* heißt Gespenst).

Neben den Hexen sieht man Teufels- und Sagenfiguren oder den Narro. Die Tiergestalten sollen an die Todsünden erinnern. Der Esel etwa symbolisiert die Trägheit und ein Schwein die Völlerei.

Beim Verkleiden sind alle gleich – die schwäbisch-alemannische Fastnacht ist also eine frühe Form der Demokratie. Egal ob Herr oder Knecht oder ob heute Chef oder Angestellte – im Häs verschwinden die Standesunterschiede. Der 11.11., der Martinitag, ist übrigens nur der Startschuss für den rheinischen Karneval. Bei der schwäbisch-alemannische Fastnacht müssen die Narren bis zum 6. Januar, dem Dreikönigstag, warten, bevor sie in Häs und Larve schlüpfen dürfen.

Gab es in den 1920er-Jahren im Südwesten etwa 40 Narrenzünfte, so wird die Zahl heute auf 1700 geschätzt. Über 1000 wurden seit den 1990er-Jahren gegründet. Der Freiburger Fastnachtsexperte Werner Mezger erklärt diesen Boom mit »dem Bedürfnis der Menschen nach festen Bräuchen und Bezügen in einer Zeit der Globalisierung und Anonymisierung«. Seit 2014 gehört die schwäbisch-alemannische

Fastnacht zum immateriellen Kulturerbe der UNESCO – denn hier leben jahrhundertalte Traditionen fort. Typisch ist die Guggenmusik, eine Blasmusik, die bei den Umzügen laut spielt. Während beim rheinischen Karneval die Kostüme Jahr für Jahr gewechselt werden, bleiben die Narren im Südwesten ihrem Häs treu und vererben es von Generation zu Generation. Nirgendwo anders sind die Narren so eigenwillig, authentisch, wild und stolz wie bei den Schwaben und Alemannen.

Das schwäbisch-alemannische Narrenkostüm heißt Häs.

Wie kam Württemberg zu seinen Namen?

Wie ist das Haus Württemberg zu seinem Namen gekommen? Der Sage nach lag's an einer Liebe, die nicht als standesgemäß galt, und an einem zu Tränen gerührten Kaiser, als dieser seine lange vermisste Tochter wieder sah.

Wir befinden uns im Mittelalter. Der rotbärtige Kaiser Friedrich Barbarossa aus dem Adelsgeschlecht der Staufer verehrte seine schöne Tochter. Die Holde verliebte sich ausgerechnet in einen jungen Mann

Der sagenumwobene Kaiser Barbarossa.

von niederer Herkunft. An eine Ehe zwischen den beiden war damals nicht zu denken. Deshalb ergriffen die Liebenden die Flucht, die im Neckartal ein Ende fand. Das Paar ließ sich unweit von Stuttgart nieder und lebte von seiner Arbeit in einer Wirtschaft am Fuß eines Berges. Der Zufall wollte es, dass eines Tages der Kaiser auf Reisen ging. Im Neckartal machte er Rast beim Wirt am Berg. Barbarossas Tochter versteckte sich, kochte ihm aber sein Lieblingsessen. Es schmeckte ihm so gut, dass die Erinnerungen an seine verschollene Prinzessin hochkamen und die Sehnsucht ihn überwältigte. Da gab sich die Tochter zu erkennen und fiel dem Vater um den Hals. Der Kaiser war so sehr gerührt und erfreut, dass er beiden verzieh. Um die Liebesbeziehung der beiden im Nachhinein zu adeln, schenkte er dem Schwiegersohn den besagten Berg und erhob ihn in den Adelsstand. Der Legende nach ist somit aus dem »Wirt am Berg« der Name »Wirtemberg« geworden. Auf der Bergkuppe wurde eine Burg gebaut – die Stammburg des Hauses Württemberg. Heute befindet sich hier die Grabkapelle Württemberg, die König Wilhelm I. nach dem Tod von Königin Katharina von 1820 bis 1824 errichten ließ. Die berühmte Inschrift erfreut die Menschen immer noch: »Die Liebe höret nimmer auf.«

SCHWEINE IM MUSEUM UND DER INBEGRIFF DER ROMANTIK – SEHENSWERTE ORTE

Inbegriff der Romantik schlechthin – das Heidelberger Schloss

Schloss Neuschwanstein, Berlin, Heidelberg – das sind die deutschen Ziele der Europe-in-10-days-Touristen. In der kleinen Großstadt mit gerade einmal 160 000 Einwohnern verlieren Amerikaner, Chinesen und Koreaner ihr Herz, durch die malerische Altstadt flanieren Heerscharen von Menschen mit Kameras. Der Philosophenweg, die Alte Brücke, die Heiliggeistkirche – all das sind ihre Motive. Doch all das verblasst gegen *das* Schloss! Dabei ist das Heidelberger Schloss nur noch eine Ruine – im Gegensatz zu Neuschwanstein. Sein gegenwärtiger Zustand ist den Soldaten des damaligen Erbfeindes Frankreich unter Ludwig XIV. zu verdanken, die es 1689 und 1693 zerstörten. Damals

Berühmter geht nicht: Schloss Heidelberg.

William Turner prägte das Romantik-Bild.

hatte das imposante Gebäude immerhin eine Geschichte von 500 Jahren hinter sich. 1182 verlegte nämlich Konrad der Staufer, Halbbruder von Kaiser Friedrich I. Barbarossa, seinen Hof nach Heidelberg, das Schloss entstand im Laufe der folgenden 50 Jahre. Zu Beginn des 14. Jahrhunderts wurde es ausgebaut, denn es herrschte Raummangel, nachdem Ruprecht III. 1401 deutscher König geworden war, außerdem sollte es »sturmfest« gemacht werden. Das war nötig, denn in den folgenden Jahrhunderten bekriegten sich die deutschen Stämme. Im Badisch-Pfälzischen Krieg etwa waren der badische Markgraf Karl I., der Bischof von Metz und Graf Ulrich V. von Württemberg im Heidelberger Schloss gefangen. Auf Veranlassung des Kurfürsten Friedrich I. mussten sie regelrecht hungern, bis die geforderten Lösegelder gezahlt wurden.

Beschossen wurde die Burg erstmals 1622 durch General Tilly, elf Jahre später waren es die Schweden, die Heidelberg und das Schloss einnahmen. Es ging hin und her zwischen der pfälzischen Fürstenfamilie und den Besatzern. Bis zum Kurfürsten Karl II., der kinderlos geblieben war, was den französischen König Ludwig XIV. dazu animierte, ihn militärisch zu »beseitigen«. Doch gegen die verbündeten europäischen Truppen kam er nicht an und setzte Schloss und Stadt am 2. März 1689 in Brand. Bevor die Franzosen 1693 erneut anrückten und das inzwischen wieder aufgebaute Schloss zur Ruine sprengten.

Im 18. Jahrhundert verfiel das Schloss weiter, es wurde zeitweise als Steinbruch für das Schwetzinger Schloss verwendet. Als Heidelberg 1803 an Baden fiel, bedienten sich die Heidelberger Bürger. Als die badische Regierung die Ruine ganz abtragen wollte, echauffierte sich August von Kotzebue. Die Ruine wurde nun zum Sinnbild patriotischer Gesinnung und Symbol des Widerstands gegen die Unterdrückung durch Napoleon. Dem englischen Maler William Turner nebst zahlreichen anderen Künstlern der Romantik gelang es, das Heidelberger Schloss zum romantischen Symbol schlechthin zu überhöhen.

Ein französischer Graf war so sehr in die Ruine vernarrt, dass er sie freiwillig bewohnte. Er war der Erste, der sich um den Erhalt und die Dokumentation kümmerte. Der Heidelberger Schlossstreit unter Restauratoren legte den Grundstein für den heutigen Umgang mit Baudenkmälern. Nicht die originalgetreue Wiederherstellung, sondern die Erhaltung des Status quo ist es, die sich in der Philosophie der Denkmalpfleger durchsetzte. Heidelberg und sein Schloss werden jährlich von einer Million Touristen besucht. Man kann sich recht lange im Schloss aufhalten, es gibt viel zu sehen. Nicht nur die einzelnen Gebäude, die nach Pfalzgrafen wie Ruprecht, Friedrich und Ottheinrich benannt wurden, auch Standbilder wie die des Fasswächters Perkeo sind Sehenswürdigkeiten, vor allem das von Perkeo bewachte »große Fass«, das 219 000 Liter Wein fasste. Es wurde allerdings nur dreimal befüllt – man bekam es einfach nicht dicht!

Berühmt und betagt – die älteste Universitätsbibliothek Deutschlands

Wer für Heidelberg mehr als nur ein paar Stunden Zeit hat, wird sich der *ältesten Universität Deutschlands* widmen, der Ruprecht-Karls-Universität, gegründet 1386 auf Weisung von Papst Urban VI. sowie des pfälzischen Kurfürsten Ruprecht I. Dazu gehört freilich die *älteste Universitätsbibliothek der Republik,* die *Bibliotheca Palatina* mit ihren 6800 Handschriften, darunter die Heidelberger Liederhandschrift, entstanden Anfang des 14. Jahrhunderts, die *umfangreichste Sammlung mittelhochdeutscher Literatur.* Mediävisten geht das Herz auf, wenn sie an die Heidelberger Bibliothek denken. Das »Lorscher Evangeliar«, der »Codex Manesse« oder der »Sachsenspiegel« – all diese Manuskripte machten die Bibliothek sozusagen zur »Mutter aller Bibliotheken«. Im Laufe der Jahrhunderte gelangten zwar viele Exemplare ins Ausland – so wurden in den Jahren 1622 und 1623 sage und schreibe 3500 Handschriften und 12 000 Drucke in die Bibliothek des Vatikans verfrachtet, die in 184 Kisten auf 200 Mauleseln über die Alpen transportiert wurden. Papst Gregor XV. wollte diese teilweise protestantische und damit ketzerische Literatur sozusagen »vom Markt nehmen«. Auch heute noch tauchen gelegentlich Exemplare der Bibliotheca Palatina auf. So wurden 1998 in der Universitäts- und Stadtbibliothek Köln 67 Bände entdeckt. Die Wissenschaftliche Stadtbibliothek Mainz besitzt ebenfalls bedeutende Bestände, die nach Abschluss des Westfälischen Friedensvertrags von Heidelberg nach Mainz überführt wurden.

Der schönste und der höchste Turm, die größte Kuppel – die Rekordhalter unter den Kirchen

An einem Dom oder einem Münster wird immer gebaut und renoviert. Man muss schon großes Glück haben, um das Freiburger Münster ohne Gerüst anzutreffen. Das war zuletzt im März 2006 der Fall. Damals war der Anblick des »wohl schönsten Turms auf Erden«, wie ihn der Kunsthistoriker Jacob Burkhardt nannte, makellos.

Es ist eine bauhistorisch äußerst wertvolle, größtenteils im gotischen Stil erbaute Kathedrale. Eigentlich müsste sie »Dom« genannt werden, da Freiburg Bischofssitz ist, sie wird aber traditionell als Münster bezeichnet. Das römisch-katholische Gotteshaus entstand mit der Stadtgründung durch die Zähringer um 1120 – Freiburg und der Breisgau gehörten lange Zeit zum habsburgischen Vorderösterreich. Immerhin sind von diesem ersten Bauwerk noch Fundamentreste vorhanden. Aus welchem Grund das Ursprungsbauwerk zerstört oder abgetragen wurde, ist nicht bekannt. Das zweite Bauwerk wuchs ab etwa 1200, zunächst im spätromanischen Stil, in die Höhe – nach dem Vorbild des Basler und des Straßburger Münsters. Hundert Jahre lang – von 1230 ab – baute man gotisch am Langhaus und am Turm. Es ist *der einzige noch im Mittelalter fertiggestellte Großturm* in Deutschland. In den folgenden Jahrhunderten wurde eifrig weiter gebaut, etwa am Münsterchor. Drei Baustil-Phasen umfasst das Bauwerk also: Spätromanik, Gotik und Spätgotik. Ein letzter größerer Anbau erfolgte mit der Renaissancevorhalle im 16. Jahrhundert.

Riesig: Freiburger Münster und Dom St. Blasien.

Bei seiner Fertigstellung im Jahr 1330 zählte der Münsterturm mit 116 Metern Höhe *zu den höchsten Gebäuden der Welt,* allerdings nur für kurze Zeit, denn die Kirchenbaumeister strebten immer weiter himmelan – die Marienkirche in Dresden etwa brachte es 20 Jahre später auf 20 Meter mehr. Erstaunlich ist, dass das Münster samt Turm alle Kriege überdauert hat, einschließlich den verheerenden Bombenangriffen vom 27. November 1944, bei denen alle Gebäude der Umgebung zerstört wurden. Selbst die Glasfenster aus allen Bauperioden bis zurück ins Jahr 1220 im romanischen Querschiff blieben erhalten. Kluge Baumeister hatten sie entfernt und auswärts in Schwarzwaldklöstern gelagert. Der zuletzt Anfang dieses Jahrhunderts sanierte Glockenstuhl verfügt über 19 Glocken, die 27 Tonnen auf die Waage bringen. Die leichteste wiegt 30 Kilogramm, die schwerste 6856. Eine stammt aus dem Jahr 1258 und gehört damit zu den *ältesten erhaltenen Glocken in dieser Größe.* Seit 2014 ist das Freiburger Münster wieder teure Langzeitgroßbaustelle. Es wird Jahrzehnte dauern, bis 500 Jahre alte Streben ausgetauscht sind. Regenwasser und Taubenkot haben den Sandstein zerstört.

Politische Ambitionen: Fürstabt Martin Gerbert.

Einen echten Rekord hält die Domkuppel in Sankt Blasien zwar nicht. Zum Einweihungszeitpunkt 1783 war sie aber immerhin *die drittgrößte Domkuppel in Europa*. Mit 36 Metern Durchmesser gehört sie heute noch zu den größten Kuppelkirchen des Kontinents. Der Besucher des kleinen Albtals im Hochschwarzwald fragt sich, wie es zu diesem monumentalen »Schwarzwälder Dom« kam, wie der Bau im Volksmund nicht ganz richtig heißt.

Korrekt müsste es »Münster« heißen, denn nur ein Bischofssitz verfügt über einen Dom. Der Ursprung war eine benediktinische Klosterkirche, ein romanisches Münster, eingeweiht um 1100. Bis zum Dreißigjährigen Krieg wurde sie mehrfach zerstört und wieder aufgebaut, während des Krieges flohen die Mönche in die Schweiz. Klosteranlage und Münster wurden 1768 durch ein Feuer stark beschädigt. Fürstabt Martin Gerbert ließ die Klosteranlagen wieder herstellen, mit der Kirche hatte er Großes vor. Mit Pierre Michel d'Ixnard verpflichtete er einen französischen Architekten frühklassizistischer Prägung. Da St. Blasien seinerzeit zu Vorderösterreich gehörte, gedachte Gerbert, die ersten Habsburger von der Schweiz in sein Münster umzubetten, nicht zuletzt um die Stellung Sankt Blasiens als »Hausgrablege« der Fürsten zu stärken, denn die österreichisch-habsburgische Politik war der Kirche nicht freundlich gesonnen. Gerbert gelang es, eine Reihe von Habsburgern in den Schwarzwald zu holen, darunter Anna von Habsburg, Elisabeth von Kärnten, Heinrich den Sanftmütigen und Agnes von Ungarn. Die Gebeine wanderten übrigens nach der Säkularisation 1809 mit den letzten Mönchen weiter und ruhen seitdem in Sankt Paul im Lavanttal. Die mittelalterliche Klosteranlage verschwand ebenfalls, sie wurde überbaut.

Die Errichtung des gewaltigen Baus war also mit einem politischen Schachzug verbunden. 1806 kam Sankt Blasien in badischen Besitz, da Kurfürst Karl Friedrich Napoleon im Krieg gegen Österreich unterstützt hatte. Bei einem erneuten Brand 1874 stürzte die Holzkuppel ein, der neue Eigner, der badische Großherzog, ließ die 62 Meter hohe Außenkuppel wieder errichten, das Holzgebälk wurde durch Eisenfachwerk ersetzt. Die innere Zierkuppel, *eine der ersten Eisenbetonkuppeln,* gab der Kirche ihr heutiges Bild – eingeweiht wurde der neu errichtete »Schwarzwälder Dom« 1913. Heute unterhält das Land Baden-Württemberg die Denkmalpflege.

Wie das Freiburger, so hat auch das Ulmer Münster verheerende Bombenangriffe im Zweiten Weltkrieg nahezu unbeschadet überstanden. Wie bei allen Bauwerken dieser Art üblich, ist die Instandhaltung extrem aufwändig: Mehrere Hunderttausend Euro Kosten fallen pro Jahr an. *Der gotische Bau ist heute die größte evangelische Kirche Deutschlands, der 1890 fertiggestellte Kirchturm mit 161,53 Metern der nach wie vor höchste Kirchturm der Welt.*

Die Geschichte des imposanten Bauwerks beginnt im Jahr 1377, als die Bürger der freien Reichsstadt Ulm beschlossen, ihre eigene, damals römisch-katholische, Kirche zu errichten. Die alte Kirche stand vor den Stadtmauern, und so konnten sie diese während der damals häufigen Konflikte nicht nutzen. Die 10 000 Einwohner sammelten also reichlich Geld und ließen eine neue Kirche errichten. Die Bürger waren es auch, die 1530 entschieden, sich zum evangelischen Glauben zu bekennen.

Den höchsten Kirchturm auf Erden flankieren zwei Chor-

Höher ist keine Kirche: der Ulmer Münsterturm.

türme mit der ebenfalls stolzen Höhe von 86 Metern. Die Kirche selbst ist 124 Meter lang und 49 Meter breit, im Mittelschiff misst man eine Höhe von knapp 42 Metern, in den Seitenschiffen von etwas mehr als 20 Metern. Auch Volumen und Gewicht sind beeindruckend: Allein der Westturm wiegt 51 500 Tonnen, das gesamte Münster hat ein Volumen von 190 000 Kubikmetern. Ein Bischofssitz sollte Ulm nie werden, weshalb es bei nur einem zentralen Westturm und zwei Chortürmen blieb und es keine Grablege beziehungsweise Krypta gibt. Sportliche Besucher steigen auf den Turm. Bis zur Spitze geht es natürlich nicht, aber immerhin bis zu einer Galerie in einer Höhe von 143 Metern. Der Blick schweift nicht nur über die Stadt und ganz Oberschwaben, sondern bis zu den Alpen. Voraussetzung ist die Bewältigung von 768 Stufen. Wer weniger sportlich ist, nimmt in dem Münster Platz. 2000 Sitzplätze bietet das Gotteshaus, beim alle zwei Jahre stattfindenden Landesposaunentag gibt es Sitzgelegenheiten für 4500 Bläser samt Instrumenten. Ganz anders war es im Mittelalter: Damals standen die Gläubigen während des Gottesdienstes, so dass bis zu 22 000 Menschen in dem gewaltigen Bau – mehr oder weniger – Platz fanden.

Das Kloster Maulbronn – seit 1993 Weltkulturerbe

D er Traum vom Beamen ist alt. Wie wäre es wohl, wenn eine Zeitmaschine einen in ein anderes Jahrtausend schicken würde? Ein überlichtschnelles Raumfahrtgefährt, das weit zurück ins Mittelalter führt, gibt's in Maulbronn nicht. Doch wer die Klosteranlagen betritt, muss sich nur kurz die Augen reiben – und ist in einer Welt angekommen, die weit vor der Neuzeit liegt. Maulbronn gilt als *eine der am besten erhaltenen mittelalterlichen Klosteranlagen* nördlich der Alpen. Architektur und Kulturlandschaft der Zisterzienser können nahezu im Originalzustand besichtigt und »begangen« werden. Die UNESCO hat das grandiose Baudenkmal 1993 in die Liste des Weltkulturerbes aufgenommen. Seitdem kommen immer mehr Touristen. Pro Jahr sind es mittlerweile 235 000 Gäste aus aller Welt. In der Klosteranlage, die von einer Mauer umschlossen ist, sind alle Stilrichtungen und Entwicklungsstufen von der Romanik bis zur Spätgotik vertreten. Im Jahr 1147 ist mit dem Bau des Klosters Maulbronn begonnen worden,

Das Kloster
Maulbronn ist
eine ehemalige
Zisterzienserabtei.

das eines von fast 300 Zisterzienserklöstern in Europa
werden sollte. Die Zisterzienser gingen im Jahr 1098 als
Reformbewegung aus den Benediktinern hervor. Sie wollten die Regel des für das abendländische Mönchtum prä-
genden Heiligen Benedikt zu ihrer ursprünglichen Strenge zurückführen. Bereits äußerlich haben sich die Zisterzienser unterschieden.
Sie trugen weiße Kutten, während sich die Benediktiner traditionell
in Schwarz kleideten. Das Ziel der Zisterzienser war das »einfache
Leben«. 390 Jahre haben die Mönche in Maulbronn gelebt, gebaut,
gebetet und gearbeitet. Als Folge der Reformation ordnete Herzog Ulrich von Württemberg dann die Auflösung aller württembergischen

Klöster an. Sein Sohn Christoph gab den Klöstern eine neue Aufgabe: Als Klosterschulen dienten sie der Ausbildung der künftigen evangelischen Pfarrer. Maulbronn als Lernort hat also eine lange Tradition: Aus der Klosterschule ging das Evangelische Seminar hervor, das samt Internat in der Trägerschaft der Evangelischen Landeskirche bis heute existiert. Aus diesem Seminar ist Ende des 19. Jahrhunderts Hermann Hesse geflohen. Seine Eltern, die wollten, dass er Pfarrer wird, hatten ihn nach Maulbronn geschickt. Doch rasch war diesem klar, dass sein Freigeist nicht zu dem strengen Leben innerhalb der Mauern des einstigen Zisterzienserklosters passte. Er wollte Dichter werden – und sonst nichts.

Urzeitliche Häuslebauer in Uhldingen am Bodensee

Jährlich schwankt der Bodensee-Wasserstand um beinahe zwei Meter. Das war auch schon vor mehr als 5000 Jahren so, weshalb die Seeanrainer der Bronze- und Jungsteinzeit ihre Häuser auf Holzpfähle stellten, um sie trocken zu halten. An vielen Stellen finden sich Reste solcher urzeitlicher Wohnstätten, die über Wasser längst verrottet wären – verteilt auf 15 Orte am Bodensee und den Oberschwäbischen Seen. Bei niedrigem Wasserstand lassen sich sogar einzelne Pfostenköpfe erkennen. Der Rest bleibt Tauchern und Unterwasser-Archäologen vorbehalten.

Um auch Laien einen Blick in die Pfahlbauten-Wohnkultur zu gewähren, zog man anno 1922 in Unteruhldingen originalgetreue Rekonstruktionen hoch. Es handelt sich um *das älteste Freilichtmuseum Deutschlands* und eines der größten Europas. Das Areal umfasst 23 original ausgestattete Reproduktionen von Pfahlbauhäusern aus der Zeit von 4000 bis 850 vor Christus sowie zwei Ausstellungsgebäude. Wie unsere frühen Vorfahren wirklich gelebt haben mögen, lässt sich nirgendwo so eindrücklich nachempfinden wie in Uhldingen. Über einen Holzsteg erreicht man die im Bodensee liegenden Pfahlbauten und taucht ein in die menschliche Frühgeschichte. Manch ein junger Besucher wähnt sich angesichts des realistisch nachgestellten Alltagslebens in »echten«, seit damals erhaltenen Hütten, jedoch handelt es sich um Nachbauten, die auf der Basis archäologischer Funde rekonstruiert wurden. Ein bronzezeitliches Dorf entstand,

Besuchermagnet:
die Uhldinger
Pfahlbauten.

samt Hirtenhaus und Bronzegießer-Werkstatt. 1939 folgte ein Steinzeitdorf; mittlerweile existieren rund 20 schilf- oder grasgedeckte Pfahlbauten. Besucher erfahren, dass urzeitliche Häuslebauer mit Zunderschwamm, Feuerstein und Katzengold Feuer machten, Beeren und Getreidebrei aßen, sich in Felle und geknüpfte Bastgewänder hüllten und Birkenteer wie Kaugummi kauten. Auch die Jüngsten dürfen wissenschaftlich arbeiten: 2010 rief das Pfahlbaumuseum gemeinsam mit der Kinder-Uni Tübingen die »Steinzeitwerkstatt« ins Leben. Hier stellen kleine Studenten mit vorzeitlichen Mitteln Kalksteinperlen, Holzkämme oder Handangeln her und lernen den Alltag der Unterwasser-Archäologen kennen. In der 360-Grad-Multimediashow »Archaeorama« können Besucher auf virtuellem Tauchgang Original-Siedlungsreste unter Wasser bestaunen. Hinzu kommen Führungen mit aktiver Beteiligung – etwa Brot backen wie damals. Ein »Zeitweg« führt außerdem über 20 Stationen in 10 000 Jahre Landschafts- und Kulturgeschichte ein. In der Ausstellung »Das Erbe der Pfahlbauer – Faszination Weltkulturerbe« kann man Originalfunde bestaunen – ganz ohne Taucheranzug und Sauerstoffgerät.

Kirchen, Ungeheuer und Gemüse – die Klosterinsel Reichenau

S chon die Römer siedelten auf der Reichenau. Danach blieb sie bis ins achte Jahrhundert weitgehend wild und unbewohnt. Die Menschen fürchteten sich vor den Ungeheuern auf der Insel, an die sie fest glaubten. 724 aber tauchte der tapfere Wandermönch Pirmin auf, bei dessen Anblick sich Schlangen, Würmer und Kröten fluchtartig in den See stürzten – so die Legende. Pirmin rodete die größte Bodensee-Insel, baute am Nordufer eine Kirche und gründete das Kloster Mittelzell, um die Alemannen zum christlichen Glauben bekehren. Etwa hundert Jahre später schrieb Reichenau-Abt Walahfrid Strabo das Gartenbaubuch »Hortulus«, *eines der frühesten und wichtigsten botanischen Werke des Mittelalters.* Ein nach historischem Muster angelegtes Kräutergärtlein zeugt heute von Walahfrids pflanzenkundlichen Erkenntnissen.

Das Benediktinerkloster entwickelte sich zu einem der bedeutendsten kulturellen Zentren der damaligen Zeit. Auf dem Gebiet der Buchmalerei war die Reichenau führend; im 10. Jahrhundert galt der Bestand ihrer Bibliothek als *einer der größten weltweit.* Einen karolingischen Plan fürs Kloster

Mittelalterliches Zentrum: Kloster Reichenau.

Sankt Gallen entwarf man hier um 820. Es ist *die einzige erhaltene Bauzeichnung aus dem frühen Mittelalter.* Zwischen dem 9. und 12. Jahrhundert entstanden die Kirchen Sankt Peter und Paul, das Münster Sankt Maria und Markus sowie die Kirche Sankt Georg mit sehr sehenswerten (restaurierten) romanischen Wandmalereien.

1540 wurde das Reichenauer Kloster dem Bistum Konstanz unterstellt und im Rahmen der Säkularisation 1803 aufgehoben. Zwanzig Jahre später ließ Napoleon III. einen Damm vom Festland auf die Reichenau bauen. Dessen 1300 Meter lange Pappelallee markiert heute das südliche Ende der Deutschen Alleenstraße. Hier liegt die Ruine der Burg Schopflen, die im 14. Jahrhundert im »Konstanzer Fischerkrieg« zerstört wurde.

Längst haben die Fischer nebst Gemüsebauern und Touristen die aus Moränenschutt bestehende Insel übernommen. Das Klima auf der größten Bodenseeinsel ist außergewöhnlich mild, hier gedeihen Salate, Tomaten oder Bohnen im Freien wie im Gewächshaus. Das milde Klima ermöglicht *bis zu drei Freilandernten im Jahr.* Als geografische Marke »von der Reichenau« sind die Erzeugnisse EU-weit geschützt. An vielen Stellen auf der 4,3 Quadratkilometer großen Insel bieten Imbiss-Stuben und Restaurants Salate und frischen Bodensee-Fisch an – mit 200 000 Übernachtungen pro Jahr spielt der Tourismus eine große wirtschaftliche Rolle.

Drei über die Insel verteilte Museumsstationen laden zur Entdeckungsreise in die Reichenauer Geschichte und Gegenwart. Die Museumsneubauten entstanden, nachdem die gesamte Klosterinsel Reichenau im Jahr 2000 zum UNESCO-Weltkulturerbe erklärt worden war.

Eliten, Affen, Kleingeld und viel Tatütata – die Gemeinde Salem

Nur etwas über 11 000 Einwohner hat die Gemeinde Salem, ein paar Kilometer nördlich des deutschen Bodenseeufers gelegen. Und dennoch ist sie weltberühmt. Wie viele andere Promis haben hier Hildegard Hamm-Brücher, der Publizist Golo Mann, der Prinzgemahl der englischen Königin, Prinz Philip, Duke of Edinburgh, und das »It-Girl« Ariane Sommer ihr Abitur im *Internat Schloss Sa-*

Salem – Internat für die Zöglinge von Promis. *lem* abgelegt. Zwischen 33 000 und 36 000 Euro Schulgebühren pro Jahr müssen die Eltern der Zöglinge an dieser Eliteschule berappen, es sei denn, ihnen werden Stipendien gewährt. Eröffnet wurde das Internat 1920 von den Politikern und Pädagogen Kurt Hahn, Karl Reinhardt sowie Prinz Max von Baden, der nach dem Thronverzicht 1918 als letzter Reichskanzler finanziell großzügig entschädigt worden war. Insgesamt 800 000 Mark stiftete das Haus Baden dem Projekt – schon allein aus steuerlichen Gründen. Die Inflation 1923 machte es dann notwendig, das Haus auf neue finanzielle Füße zu stellen. Die spätere Widerstandskämpferin Elisabeth von Thadden war damals kaufmännische Leiterin und beschloss, künftig möglichst viele voll zahlende Kinder aufzunehmen. Außerdem sammelte sie reichlich Spenden. Während der Nazizeit musste der Gründer und Ideengeber Kurt Hahn emigrieren, die Schule unterstand der SS. Nach dem Zweiten Weltkrieg gründete Kurt Hahn weltweit weitere Eliteschulen. Die internationale Privatschule geriet mehrfach in Krisen, etwa durch ein Zerwürfnis mit dem Haus Baden. Es ging natürlich um Miete und Pacht. 1996 einigte man sich auf einen langfristigen Vertrag, die Zukunft der Schule ist nun gesichert. Seit 2014 zieht die Schule übrigens die Handys der Mittelstufenschüler ein, um einen ungestörten Unterricht zu gewährleisten. Auch sonst setzt die Schule auf moderne Bildungskonzepte (etwa der Erlebnispädagogik) unter dem Motto »Persönlichkeiten bilden«, das doppeldeutig für Schüler und Lehrer gilt.

Wo die Klugen sind, sind die Affen nicht weit. Westlich der Gemeinde findet sich eine der Top-Touristenattraktionen, nämlich der *Affenberg Salem*. 200 Berberaffen (*Macaca sylvana*) bewegen sich dort frei, also auch zwischen den Besuchern, und dürfen von diesen gefüttert werden. Natürlich nicht mit Bananen oder Kokosnüssen, sondern mit speziellem Popcorn. Gründer und Eigentümer ist ein elsässischer Baron, der noch weitere Affenparks unterhält. Seit 1976 leben die Tiere quasi in freier Wildbahn mit dem Unterschied, dass die vom Aussterben bedrohten Tiere in ihrer Heimat Marokko und Algerien in bis zu 2000 Metern Höhe leben. Gelegentlich können Tiere vom Bodensee ausgewildert werden, um die wilden Populationen zu stärken. Dies gilt besonders für eine Gruppe, die unbehelligt von Touristen in einem abgesperrten Areal lebt. Der Affenberg hat ein großes internationales Ansehen als Forschungsstandort, es bestehen Kooperationen mit den Universitäten Leipzig und Zürich sowie mit dem Deutschen Primatenzentrum in Göttingen. Von Anfang November bis Mitte März ist Winterpause – ungestörte Paarungszeit für die Affen.

Damit nicht genug, Salem hat eine weitere Sehenswürdigkeit, nämlich *das größte Feuerwehrmuseum Europas*. Dessen Entstehung hat historische Gründe: Im Jahr 1697 zerstörte ein Großbrand das Kloster. Als Konsequenz richtete man eine Feuerwache ein, die heute noch existiert und besichtigt werden kann. Die historische Feuerspritzengarage samt Original-Löschwagen ist ebenfalls zu sehen. Damit das Museum zum größten des Kontinents wachsen konnte, wurde eines der großen Landwirtschaftsgebäude des Klosters umgebaut. Vier Jahrhunderte Löschtechnik sind als Exponate vertreten, von der Spritze über Uniformen bis zu Atemmasken. Auch der Brandschutz hat eine historische Entwicklung hinter sich, sie wird ebenso dokumentiert wie mancher Pionier und Erfinder, etwa Karl Wilhelm Kurtz, der *Erbauer des ersten schnelllaufenden Benzinmotors*. Seit der Neueröffnung 2014 werden auf 800 Quadratmetern Ausstellungsfläche 2000 Exponate präsentiert. Den Grundstock bildete die Sammlung von Max von Baden.

Dagobert, die unzerstörbare Burg und die Droste

D er Namensvetter des Gründers, Donald Ducks Onkel Dagobert, hätte die Burg wohl gewählt, um dort seine Schätze zu horten, denn sie wurde nie zerstört: die Meersburg, gegründet nicht von Onkel Dagobert, sondern von Dagobert I., so jedenfalls die Sage. Der Merowingerkönig bekehrte im 7. Jahrhundert die Menschen rund um den Bodensee zum Christenturm und hatte einen ersten Schutzbau aus Holz errichten lassen. Der älteste noch erhaltene Teil, der Bergfried aus dem 11. Jahrhundert, trägt seinen Namen. Nicht einmal im Dreißigjährigen Krieg gelang es den Schweden, die Burg einzunehmen – einmal immerhin brannte der Dachstuhl. Ab 1211 diente die Meersburg den Konstanzer Fürstbischöfen als Sommerresidenz. Während der Reformation kam es zwischen Fürstbischof Hugo von Hohenlandenberg und Konstanz zu Konflikten. Daraufhin erkor er die Meersburg ab 1526 zu seinem ständigen Wohnsitz, ließ den»Renaissancesaal«, drei neue Türme sowie einen Staffelgiebel errichten und verlieh der Burg so ihr heutiges Aussehen. Die Bischöfe hatten nach 1700 versucht, aus der Meersburg ein modisches Barockschloss zu machen, indem sie hohe Stuckdecken und repräsentative Zimmerfluchten einbauen ließen. Mit dem damals neuartigen französischen Rollglas wurden auch größere Fenster möglich. Schließlich aber entschied man sich für einen Neubau direkt nebenan: das»Neue Schloss Meersburg«, das Franz Konrad von Rodt anno 1750 als Erster bezog. Die alte Burg wurde nicht weiter umgebaut; ihr mittelalterlicher Charme blieb ihr erhalten. Gesindeküche und Backstube zeugen von dieser Epoche, Blümchentapeten, goldgerahmte Ölbilder, zierliche Stühle und Tische. Das ist das Reich der Dichterin und Komponistin Annette von Droste-Hülshoff. 1838 hatte Freiherr Joseph von Laßberg die Burg erworben. Seine Frau Jenny war Annettes Schwester. Auf deren Einladung hin kam die berühmte Dichterin immer wieder an den Bodensee, ab 1841 bis zu ihrem Tod 1848 lebte sie vorwiegend auf der Meersburg, wo sie viele ihrer»weltlichen« Gedichte schrieb. Annette von Droste-Hülshoff war sich bewusst, dass sie große Kunst schuf, berühmt wurden Balladen wie»Der Knabe im Moor« oder die Novelle »Die Judenbuche«. Ihre religiösen Gedichte sind zeittypisch und veranschaulichen die Zerrissenheit des Menschen in der Zeit der Aufklärung. Wichtig war wohl der Austausch mit dem Burgherrn, ihrem

»Die« Droste und die Meersburg gehören zusammen.

Schwager, der sich mit mittelalterlicher Literatur auseinandersetzte. Die Autorin erwarb 1843 das Fürstenhäusle in den Weinbergen am Stadtrand von Meersburg. Am 24. Mai 1848 starb sie auf Schloss Meersburg, ihr Grab befindet sich nahe der Friedhofskapelle auf dem Friedhof der Stadt. Ihr kompositorisches Werk wurde erst posthum entdeckt und aufgeführt, auch hier war ihr Anspruch an sich selbst enorm, weshalb sie ihre Werke nie öffentlich aufführen ließ und sich für die Poesie entschieden hat.

Als eine der wenigen Autorinnen ging »die Droste« in die deutsche Literaturgeschichtsschreibung ein. Sie wurde mehrfach auf Briefmarken abgebildet und war auf der 20-DM-Banknote zu sehen.

Quadratisch, praktisch, Mannheim

Quadratisch, praktisch, gut, dachte sich wohl Kurfürst Friedrich IV. von der Pfalz, als er sich um 1600 die Mannheimer Quadrate ausdachte. Natürlich hatte er militärische Hintergedanken, denn eventuelle Eindringlinge sollten so besser beschossen und gejagt werden können. Echte Quadrate findet man in der Planstadt mit dem schachbrettartigen Grundriss vergeblich, unter den Häuserblöcken finden sich Rechtecke und rautenförmige Strukturen. Das heutige netzartige Stadtgebilde wurde 1684 eingeführt und überstand die Zerstörung der Stadt im Pfälzischen Erbfolgekrieg 1689. Eine weitere Besonderheit sind die Bezeichnungen der Straßen. In den Quadraten gibt es nur Buchstaben und Zahlen, aber keine Namen. Am Schloss beginnt auf der linken Seite das Quadrat mit A1 und endet dann bei der Kurpfalzbrücke mit K1. Auf der rechten Seite beginnt die Zählung mit L1 und endet bei U1. Die Häuserzählung beginnt mit eins jeweils am dem Schloss zugewandten Haus. Auf die 144 »Quadrate« ist man in Mannheim so stolz, dass man sich im Logo der Stadtverwaltung als »Mannheim^2« definiert hat.

»Klar und lichtvoll wie eine Regel« – Vorbild für Washington, D.C. – die Fächerstadt Karlsruhe

Vom Turm seiner Residenz, des Karlsruher Schlosses, wollte Markgraf Karl Wilhelm von Baden-Durlach seine neu gegründete Stadt überblicken. Die Straßen sollten alle auf diesen Mittelpunkt hin zulaufen. Am 17. Juni 1715 ist die Geburtsstunde dieser jungen Planstadt, damals legte der Markgraf den Grundstein. Der Grundriss der Stadtplaner zeigt eine großzügige Schlossanlage, von deren Mittelpunkt 32 Strahlen ausgehen, der »Sonnenfächer«, unterbrochen von zwei Kreisen. Die neun südlichen Strahlen waren Straßen der neuen Stadt, die nördlichen wurden zu Alleen einer Parkanlage und führten in den Hardtwald, das Jagdrevier des Herrschers. Vor dem Schloss wurde der Schlossplatz angelegt, an dessen südlichem Ende der »Zirkel« mit Verwaltungsgebäuden Platz fand. Stadtbaumeister Friedrich Weinbrenner, der die neue Stadt klassizistisch gestaltete, insbesondere den Marktplatz mit Stadtkirche und dem Rathaus, war auch der Architekt der Via Triumphalis, der Nord-Süd-Achse, die heute Karl-Friedrich-Straße heißt. Auch heute ist trotz aller Veränderungen der Fächer erhalten geblieben, noch heute bezeichnet sich die zweitgrößte Kommune Baden-Württembergs nach Stuttgart als »Fächerstadt«. Wenige Jahre nach der Stadtgründung, im Jahr 1788, reiste der spätere Präsident der Vereinigten Staaten von Amerika, Thomas Jefferson, nach Europa, am 15. April stieg er in Karlsruhe

auf den Schlossturm und bestaunte die Anlage der Stadt. Mit der Folge, dass er Skizzen anfertigte und wie auch von anderen Städten des alten Kontinentes Stadtpläne mit über den großen Teich nahm. Diese sandte er dem Washingtoner Top-Architekten Pierre Charles L'Enfant. Und siehe da: Die Hauptstadt der USA bekam ebenfalls einen Fächer vom Capitol und der Union Station ausstrahlend und selbst das Thomas-Jefferson-Memorial erinnert an Weinbrenners frühe Pläne der evangelischen Stadtkirche: Es ist eine Rotunde mit Säulenvorhalle ohne Turm. Die Karlsruher zitieren gerne den Dichter Heinrich von Kleist, wenn es um »ihren« Fächergrundriss geht: 1801 schrieb er, die Stadt sei »wie ein Stern gebaut, … klar und lichtvoll wie eine Regel, … als ob ein geordneter Verstand uns ansprächе«.

Klassiker des Städtebaus: der Karlsruher Fächer.

Der obergermanisch-rätische Limes –
Grenzlinien aus römischer Zeit

Zu den Weltkulturerbestätten der UNESCO in Baden-Württemberg gehört seit 2005 der obergermanisch-rätische Limes, der vom ersten bis ins dritte Jahrhundert nach Christus Grenzwall des Imperium Romanum war. »Wildblaue Augen, rötliches Haar, große, allerdings nur zum Angriff tüchtige Leiber.« Mit diesen wenig freund-

Nachbau eines Römerkastells bei Welzheim.

lichen Worten beschrieb einst der römische Historiker Tacitus die Germanen. Mussten die römischen Besatzer ihre Grenzen gegen angriffslustige »Barbaren« verteidigen? Zunächst hielten Wissenschaftler die Sperranlagen der Limites (Plural von Limes) für Befestigungen, die für einen Stellungskrieg der Römer gegen die Germanen helfen sollten. Heute ist man sich aber einig, dass der Limes zur Abschreckung geeignet war, jedoch nicht vor größeren Angriffen schützen konnte. Die Befestigung diente auch als Zollgrenze und führte zu wirtschaftlichem Wohlergehen. Am Limes betrieben die Römer Handel mit außerhalb lebenden Germanenstämmen, die also nicht alle Feinde Roms waren. Erste Grenzsicherungen sind im ersten Jahrhundert nach Christus errichtet worden. Der obergermanisch-rätische Limes, der von Rheinbrohl bis Kastell Eining an der Donau reicht, ist mit 550 Kilometern *das längste Bodendenkmal Europas*. Man kann ihn außer in Baden-Württemberg auch in Bayern, Hessen und Rheinland-Pfalz finden.

In Baden-Württemberg führt eine 164 Kilometer lange Grenzlinie im Regierungsbezirk Karlsruhe durch den Neckar-Odenwald-Kreis und im Regierungsbezirk Stuttgart durch den Landkreis Heilbronn, den Hohenlohekreis, den Landkreis Schwäbisch Hall, den Rems-Murr-Kreis und den Ostalbkreis. Der Limes erreicht von Süden nach Norden die Städte und Gemeinden Mainhardt, Pfedelbach, Öhringen, Zweiflingen, Forchtenberg, Jagsthausen, Widdern und Schöntal.

Die Römer sind gegangen, ihre Grenze blieb – und die lockt Wanderer an. In Grosserlach-Grab, etwa 25 Kilometer von Schwäbisch Hall entfernt, kann man einen rekonstruierten Abschnitt des Obergermanisch-Raetischen Limes ansehen. Er ist als Bodenwelle im Gelände zu erkennen. Rekonstruiert wurden hier ein Wachturm, ein Graben sowie ein Palisadenzaun. In Aalen befindet sich das Limesmuseum mit Freigelände und einem Schwerpunkt auf der römischen Besetzungsgeschichte Südwestdeutschlands im zweiten Jahrhundert nach Christus. In der Dauerausstellung sind unter anderem restaurierte Funde aus dem ehemaligen Kastell zu sehen.

Große Teile des heutigen Baden-Württemberg sind erstmals im Jahr 15 vor Christus in der Regierungszeit des Kaisers Augustus von römischen Truppen besetzt worden. Über 200 Jahre lang haben die Römer versucht, den keltisch besiedelten Gebieten hinter dem Limes die römische Kultur aufzuzwingen. Der Einfluss der Römer ist heute allgegenwärtig: in Sprache, Literatur, Gesetzen, Architektur, in der Kunst und in vielem mehr. Alle romanischen Sprachen stammen vom Lateinischen ab, ebenso wohl die Hälfte aller Begriffe des Englischen und viele deutsche Wörter. Das Erbe des alten Rom scheint alle Zeiten zu überdauern.

Die Wilhelma – der einzige zoologisch-botanische Garten in Deutschland

D ie Kombination aus Zoo, botanischem Garten und historischem Park macht die Wilhelma in Stuttgarts stolzem Stadtteil Bad Cannstatt weltweit einmalig. Mit der Besonderheit, der einzige zoologisch-botanische Garten in Deutschland zu sein, kann eines der schönsten Ausflugsziele von Baden-Württemberg für sich werben. Mit 10 000 Tieren aus etwa 1000 Arten ist die Wilhelma *bundesweit der zweitgrößte Zoo*. Vom Menschenaffenhaus über das Insektarium, vom Amazonienhaus bis zum Aquarium – ein Besuch lohnt sich für alle Generationen. Den Grundstein zum Bau der Wilhelma legte König Wilhelm I. 1829. Der Herrscher von Württemberg wünschte sich eine Anlage im maurischen Stil als heiteres, exotisches und festliches Refugium – nur für einen ausgewählten Personenkreis. Zur Hochzeit seines Sohns Karl mit der Zarentochter Olga wurde das Kleinod eröffnet.

Nach dem Zweiten Weltkrieg wurde die zerstörte Schlossanlage zu einem zoologisch-botanischen Garen für alle ausgebaut. Mit einer Aquarienausstellung fing 1949 die Tierhaltung an. Der damalige Wilhelma-Direktor Albert Schöchle organisierte immer neue Sonderschauen und kaufte im Anschluss die lebenden Exponate für seine Anlage. Die Tiere blieben einfach da. Die Rüge des Rechnungshofs nahm der Chef, das Schlitzohr, in Kauf.

Wichtige Herren in den Ministerien fanden das gar nicht lustig. »Die wilden Tiere haben aus der Wilhelma zu verschwinden«, teilte man Schöchle mit. Der griff zu einer weiteren List. Eine der Löwendamen hatte Nachwuchs bekommen. Der Direktor lud den neuen Finanzminister zur Löwentaufe ein. Offensichtlich wusste dieser nicht, was in seinem Haus diskutiert wurde, dass man dort nämlich die Wilhelma, inzwischen ein Halbzoo, zum reinen botanischen Garten zurückführen wollte. Im Anblick der putzigen Löwenbabys wünschte sich der Minister öffentlichkeitswirksam, »dass diese Löwenkinder die Stamm-Mütter eines kräftigen Löwengeschlechts in der Wilhelma sein werden«. So ist es gekommen. Immer mehr wilde Tiere landeten in der einstigen Anlage des Königs.

Mit einem Mitarbeiter fuhr Schöchle in den 1950ern nach Karlsruhe, um persönlich beim dortigen Naturkundemuseum ein Krokodil namens Fritz abzuholen, wie in seinen Memoiren nachzulesen ist. Für den Transport banden die beiden Fritz das Maul zu und stülpten ihm einen Sack über den Kopf. Auf der Autobahn gelang es Fritz, sich zu befreien. Ein entfesseltes Krokodil machte sich auf der Rückbank bemerkbar. Schöchle kurbelte die Scheiben des Autos herunter. Draußen herrschten Minusgrade. Gleichzeitig schaltete er die Autoheizung aus. Die Bewegungen des Kaltblüters, notierte der Wilhelma-Vater in seinem Buch, seien immer langsamer geworden. So landete Fritz, bevor er seine Fahrer auffressen konnte, ungefüttert und etwas hungrig in der Wilhelma.

Loopings, Megacoaster und Miss Germany – der Europa-Park in Rust

Deutschlands Top-Attraktionen wie Schloss Neuschwanstein oder Heidelberg verblassen gegen die Superlative des Europa-Parks in der Nachbarschaft des badischen Örtchens Rust südwestlich von Offenburg mit seinen gerade 4000 Einwohnern. Sage und schreibe 5,7 Millionen Besucher kamen 2017, um die Themenparks, Achterbahnen oder Formel-1-Rennwagen zu bestaunen. Damit ist der Park *der meistbesuchte im deutschsprachigen Raum.* Nach Disneyland in Paris rangiert er europaweit betrachtet auf dem zweiten Platz. Viermal erhielt er die Auszeichnung »*Bester Freizeitpark der Welt*« der US-Zeitschrift »Amusement Today«. Auf die Idee, einen Freizeitpark einzurichten, kamen Franz Mack und sein Sohn Roland 1972 während einer USA-Reise, drei Jahre später wurde er bereits eröffnet. Heute umfasst die Anlage eine Fläche von 950 Hektar. 18 Themenbereiche, über hundert Fahrgeschäfte, mehrere Shows, fünf Hotels, ein Campingplatz und ein Kino – dafür reisen Touristen aus aller Welt an. Hauptattraktionen sind für viele Besucher *die Achterbahnen, die meisten, die ein europäischer Freizeitpark zu bieten hat,* darunter »Silver Star«, die zeitweise die schnellste und höchste Europas war. Auch *die erste Wasserachterbahn des Kontinents* (»Poseidon«) wurde in Rust eröffnet. Besonders spektakulär ist der »Blue

Selten gemächlich: »Bähnle« im Europapark Rust.

Europapark Rust: Nichts für Wasserscheue. Fire Megacoaster« im Themenbereich »Island«, die erste Hochgeschwindigkeitsachterbahn des Parks mit Überschlagelementen wie einem Looping und zwei Korkenziehern. Man sollte erst nach der Nutzung dieser Attraktion in eines der Restaurants gehen, denn sie beschleunigt von 0 auf über 100 Stundenkilometer in 2,5 Sekunden und erreicht eine Höchstgeschwindigkeit von 110 Stundenkilometern bei einer Höhe von 38 Metern und einer Länge von über einem Kilometer. Fernsehsendungen und Events gibt es im Park inzwischen reichlich. Am bekanntesten dürfte *die offizielle Wahl der Miss Germany* sein, die seit 2002 alljährlich im Februar im Europa-Park-Dome stattfindet – die Verträge hierzu sind bis 2020 gesichert.

Erst verspottet, dann geliebt – der Stuttgarter Fernsehturm

E r ist das Urmodell für viele Fernsehtürme weltweit. Als am 5. Februar 1956 in Stuttgart auf dem Hohen Bopser der 216,6 Meter hohe Fernsehturm, *der erste in Stahl-Beton-Konstruktion*, eröffnet worden ist, waren nicht alle Bewohner der Stadt erfreut. Er ähnle einer »langen Bohnenstange mit Bienenkorb«, war beispielsweise zu hören. Die Schöpfung des 1999 verstorbenen Bauingenieurs Fritz Leonhardt wurde als »Schandmal« oder als »Fremdkörper in der schönen Waldlandschaft« beschimpft. Doch kaum durften die Stuttgarter hoch, schlossen sie ihn ins Herz. Es sollte eine Liebe für immer werden. »Da müssen Menschen rauf«, hatte Leonhardt gesagt, als der *Süddeutsche Rundfunk* nur einen schmucklosen Stahlgittermast für die Fernsehübertragung über dem Stuttgarter Talkessel bauen wollte. Der Ingenieur hatte Mühe, die »Herren vom Rundfunk« zu überzeugen. An der Form seines Turms, an der genialen Mischung aus »Schornstein, Turm und griechischer Säule«, so erzählte der Erbauer später, habe seine Frau einen »entscheidenden Anteil« gehabt. Sie habe alle Entwürfe begutachtet. Frauen hätten ein viel feineres Empfinden, sagte er.

Der Stuttgarter Fernsehturm wurde 1956 eröffnet.

In 36 Sekunden bringt der Lift die Besucher hoch auf die 150 Meter hohe Aussichtsebene – mit einer Geschwindigkeit von fünf Metern pro Sekunde. Zum Vergleich: Der Aufzug im Rottweiler Testturm fährt mit einem Tempo von acht Metern pro Sekunde und braucht »nur« 30 Sekunden bis zur Aussichtsfläche auf 232 Metern Höhe.

Seit 1986 steht der Stuttgarter Fernsehturm auf der Liste der Kulturdenkmäler von Baden-Württemberg. Den Namen darf er behalten, auch wenn seine Aufgaben längst andere sind. Seit Jahren sind die Fernsehantennen stillgelegt. Für den Frequenzbereich des terrestrischen Fernsehens sind diese nicht mehr geeignet. Der Stahlgittermast hätte umfangreich umgebaut werden müssen. So wurde die erforderliche Technik 2006 auf den benachbarten Fernmeldeturm der Telekom verfrachtet. Die digitalen Radioprogramme werden noch immer vom Stuttgarter Star mit seinem nun falschen Namen über leistungsfähige DAB-Antennen ausgestrahlt. Der Fernsehturm müsste heute Radioturm heißen. Die Stuttgarter lieben ihn und freuen sich, wenn sie von weither nach Hause kommen. Auf der Autobahn sehen sie den guten, alten Vertrauten aus der Ferne. So schön ist's daheim.

Die Weißenhofsiedlung –
die Betten verschwanden in Schränken

....

Der französisch-schweizerische Architekt Le Corbusier war seiner Zeit weit voraus. Als er 1927 in der Stuttgarter Mustersiedlung Weißenhof zwei avantgardistische Wohnhäuser baute, die seit 2016 Weltkulturerbe der UNESCO sind, galten sie als »unvermietbar« und standen jahrelang leer. In einem der beiden Häuser verschwanden die Betten tagsüber in Schränken. Auf die Idee dazu war Le Courbusier in Nachtzügen gekommen. Das »Wohnen der Zukunft«, das der »Deutsche Werkbund« als Initiator für die Weißenhofsiedlung ausgerufen hatte, war ein Raumsparwunder. Sein überzeugender Vorschlag, günstigen Wohnraum mit innovativen Grundrissen und neuen Materialien zu schaffen, gilt noch heute als Vorbild. In den ersten Jahren fiel der Beifall für die experimentelle Siedlung äußerst gering aus. Als »Araberdorf« wurde sie verhöhnt. Der Bahnhofsarchitekt Paul Bonatz nannte sie eine »Vorstadt von Jerusalem«. In der NS-Zeit

Le Corbusier erbaute seine Wohnhäuser 1927. kursierten Postkarten, auf denen die Straße von Berbern und Kamelen bevölkert war. Heute gelten die Häuser aus

den 1920ern als Ikonen der Moderne, die Touristen aus aller Welt anlocken – seit dem UNESCO-Ritterschlag noch viel mehr. Die Weißenhofsiedlung bestand ursprünglich aus 33 Häusern, von denen heute noch elf im Original erhalten sind. Die Avantgarde der europäischen Architekten hatte 1927 das gemeinsame Ziel zusammengeführt, mit neuem Bauen und Wohnen für ein neues Bewusstsein zu sorgen. Das zum Weltkulturerbe erklärte Doppelwohnhaus von Le Corbusier steht auf schlanken Stützen, die allein optisch Leichtigkeit und ein freies Lebensgefühl suggerieren.

Korkenzieher-Museum – ein Kaiserstühler hat den Dreh raus

Im Jahr 1995 kaufte der Grafikdesigner Bernhard Maurer auf einem Flohmarkt in Vevey am Genfer See seinen ersten Korkenzieher – es sollte der Beginn einer unglaublichen Leidenschaft werden. 1500 Exponate aus drei Jahrhunderten hat er mittlerweile gesammelt. Die meisten davon sind im badischen Burkheim am Kaiserstuhl in seinem privaten, 2003 eröffneten Korkenzieher-Museum zu sehen, das laut einer Pressemeldung »das vielleicht kleinste und ungewöhnlichste Museum Deutschlands« ist.

Der Mann hat den Dreh raus. Seit etwa 350 Jahren werden Flaschen mit Korken verschlossen. Und seit dieser Zeit denken die Menschen darüber nach, wie sie den Korken schnell, unkompliziert und elegant aus dem Flaschenhals herausbekommen. Auf dass es plopp macht und der Wein atmen kann!

Zu den Attraktionen des Museums gehört der Einhebelkorkenzieher, erfunden 1871 von dem Franzosen Alphonse Delavigne. Der Hebel wird senkrecht aufgestellt, so dass er mit der Spirale eine Achse bildet. Darauf wird er in den Korken eingedreht. Um den Korken aus der Flasche zu ziehen, muss er nur noch nach unten gedrückt werden.

Kuriose und seltene Korkenzieher aus aller Welt sind im Museum ausgestellt. Das teuerste Stück ist ein sogenanntes »Damenbein«, ein erotischer Korkenzieher mit Elfenbeingriff und 18-Karat-Gold-verzierungen aus dem Jahr 1900. Im Auktionshaus Christie's bekam der Kaiserstühler den Zuschlag für 15 000 Pfund. 20 bis 30 Euro gab Maurer im Schnitt für einen Korkenzieher aus. Nicht nur für Weinflaschen sind die Objekte des Grafikdesigners da. Auch Whisky-, Medizin- und eben Parfümfläschchen wollen geöffnet werden. Der Sammler mag's lustig. Wer seine erotischen Korkenzieher bewundern will, muss wie bei der Peep-Show durch Löcher einer roten Wand blicken.

Das größte Schweinemuseum der Welt

>> **D**o kennschd grad uff dr Sau naus!« Wenn Schwaben diesen Satz ausrufen, meinen sie, es sei zum Verrücktwerden. Was Sauereien angeht, lässt sich dieser Volksstamm nur wenig vormachen. Überraschen kann es deshalb nicht, dass sich in Stuttgart, vom Guinness-Buch der Rekorde bescheinigt, das größte Schweinemuseum der Welt befindet. Die Wirtin Erika Wilhelmer hat dem Borstentier ein vielfältiges Denkmal gesetzt. Ihre Sympathie fürs Schwein führte sie 1989 erst einmal nach Bad Wimpfen, wo sie dem geliebten Tier ihre erste Ausstellung widmete. Sie sammelte alles, was Borsten besitzt, im Dreck wühlt und dabei grunzt. Die Sammlung wuchs immer weiter – bis ein neuer Saustall benötigt wurde, um alles unterzubringen. In Stuttgart fand die Mutter des Wasen-Festwirts Michael Wilhelmer schließlich die passende Immobilie für einen Neuanfang im Stadtteil Gaisburg – und so erfolgte 2010 der Umzug. Ironischerweise sollten die über 50 000 Exponate ausgerechnet im ehemaligen Schlachthof auf einer Ausstellungsfläche von 600 Quadratmetern eine neue Herberge finden. Doch nie zuvor hatte eine Sau unter diesem Dach sterben müssen. Denn in dem über 100 Jahre alten Gebäude befand sich die Verwaltung der einstigen Schlachterei. Ob aus Holz, Plüsch, Gold, Glas oder Porzellan – die Vielfalt in den 28 Themen- und Sonderausstellungsräumen ist verblüffend. Das größte Exponat ist die ausgemusterte, rosafarbene Säuli-Tram aus Basel, die im Sparschwein-Look fast 22 Jahre durch die Straßen der schweizerischen Stadt rumpelte. Nun parkt der Straßenbahnwagen mit Schweinsgesicht direkt vor dem alten Schlachthaus und wirbt für die Artgenossen im Museum.

GELBKOPF UND BLAUTOPF – NATUR IN BADEN-WÜRTTEMBERG

Bollenhut, Schinken, Kirschtorte – der Schwarzwald ist das bekannteste Mittelgebirge der Welt

....

Rein geografisch gesehen, ist er unspektakulär, der Schwarzwald. Doch es ist das Gebirge, das Deutschland weltweit bekannt gemacht hat. Und gleichzeitig ist es der Inbegriff von Heimat schlechthin, das »Zentralmassiv des deutschen Gefühls«, wie der Westweg-Wanderer und Autor Johannes Schweikle einmal schrieb. Die »Insignien« des Schwarzwalds sind freilich *Bollenhut, Schwarzwälder Schinken* und *Schwarzwälder Kirschtorte*. Die Kalorienbombe schlechthin wurde jedoch erstmals in einem Bonner Café serviert – der Konditor Josef Keller (1887–1981) aus Riedlingen soll sie 1915 erfunden haben. So allmählich wanderte die Kirschtorte in den Schwarzwald, im Tübinger Café Walz wurde sie nachweislich 1930 angeboten. Das deutsche Recht regelt exakt, wie eine echte Schwarzwälder Kirschtorte beschaffen zu sein hat: »Schwarzwälder Kirschtorten sind Kirschwasser-Sahnetorten oder Kirschwasser-Butterkremtorten, auch deren Kombination. Als Füllung dienen Buttercreme und/oder Sahne, teilweise Canache sowie Kirschen, auch als Stücke in gebundener Zubereitung. Der zuge-

Ein Hut geht um die Welt: der Bollenhut.

setzte Anteil an Kirschwasser ist geschmacklich deutlich wahrnehmbar. Für die Krume werden dunkle und/oder helle Wiener- oder Biskuitböden verwendet. Die Masse für die dunklen Böden enthält mindestens drei Prozent Kakaopulver oder stark entölten Kakao. Für den Unterboden wird auch Mürbeteig verwendet. Die Torte wird mit Butterkrem oder Sahne eingestrichen, mit Schokoladenspänen garniert.«

Die Juristerei definiert auch genau, was »Schwarzwälder Schinken« ist. Der Begriff »Schwarzwälder Schinken« darf im Augenblick nur verwendet werden, wenn er dort hergestellt, geschnitten und verpackt wird – das Schwein darf sich zu Lebzeiten schon mal in niedersächsischer Erde gesuhlt haben. Bis jetzt ist das Prädikat »Schwarzwälder« eine geschützte geografische Angabe der Europäischen Union, wobei die »Schinken-Grenze« exakt definiert ist: Im Westen ist es die Bundesstraße 3 von Basel nach Karlsruhe, im Osten eine Linie vom Wutachtal über Donaueschingen, Rottweil, Oberndorf, Nagold und Calw nach Pforzheim. Die südliche Grenze markiert der Rhein und die nördliche in etwa die A 8 von Pforzheim nach Karlsruhe.

Hergestellt wird die Spezialität, indem das Fleisch trocken gepökelt und mit Gewürzmischungen eingerieben wird, die unter anderem Knoblauch, Wacholder, Koriander und Pfeffer enthalten. Er wird anschließend geschichtet gelagert, wobei Fleischsaft austritt. Einige Wochen später wird der Schinken aus der Lake genommen und mindestens eine Woche lang in Räucherkammern kalt mit Nadelhölzern und Sägemehl aus dem Schwarzwald geräuchert. Daran schließt sich eine mehrwöchige Trockenlagerung in klimatisierten Räumen an. Am Ende schneidet der Genießer von der typischen schwarzbraunen Schwarte mehr oder weniger dünne Scheiben mit dem charakteristischen kräftigen Raucharoma.

Von der Markenbutter bis zum Fremdenverkehrsprospekt – der »Bollenhut« ging buchstäblich um die Welt. In den USA oder in Japan kommt es gelegentlich vor, dass bayerische Dirndl mit dem Bollenhut kombiniert werden. Wenn es allerdings so weit geht, dass auf einem Karton für Badischen Wein mit »Bollenhut, ungarischer Stickerei auf den weißen Blusenärmeln, eher österreichischem Mieder und einem ausladenden Dirndlausschnitt nach bayerischem Vorbild« geworben wird, wie »Die Zeit« vor vielen Jahren einmal berichtete, geht den Traditionalisten zu Recht der Hut hoch. Die Dörfer Gutach, Kirnbach und Reichenbach im Kinzigtal nehmen es sehr genau, denn dort

Wanderparadies: Feldberg und Seebuck.

entstand der Bollenhut als Teil der traditionellen Tracht. Nachweislich kam der Bollenhut zwischen 1700 und 1750 in Mode, in Varianten taucht er auch in anderen Tälern auf, etwa im Renchtal. Vermutlich geht die Kopfbedeckung darauf zurück, dass Händler die Strohflechterei aus Italien in den Schwarzwald brachten. In den drei kleinen Gemeinden wird der Original-Bollenhut hergestellt, allerdings ist der Beruf der Bollenhutmacherin am Aussterben. Die wenigen verbliebenen Hutmacherinnen benötigen für den Hut zwei Kilogramm Wolle und etwa eine Woche Arbeitszeit. 14 Bollen in fünf unterschiedlichen Größen werden gefertigt und kunstvoll in Kreuzform auf einen Strohhut genäht. Es ist eine evangelische Kirchentracht, die Mädchen auch heute noch zur Konfirmation bekommen. Die Hüte und Trachten werden am Ostersonntag und zu Erntedank getragen. Der Bollenhut signalisiert, ob eine Frau noch zu haben ist, denn ab der Hochzeit muss eine Frau einen Hut mit schwarzen Bollen tragen.

Neben diesen drei »Insignien« des Schwarzwalds sind es reichlich Einmaligkeiten und Rekorde, auf die man hier stößt. *Der höchste Berg aller deutschen Mittelgebirge ist der Feldberg* mit 1493 Metern Höhe. Feldberg-Ort ist mit seinen knapp 1900 Einwohnern die *höchstgelegene Gemeinde Deutschlands.* Der höchstgelegene Ortsteil ist Feldberger Hof mit 1277 Meter. *Die höchstgelegene Polizeistation* steht auf 1235 Metern. Auch *der älteste deutsche Skiverein* wurde im Schwarzwald gegründet, nämlich der SC Todtnau 1891 e.V. – eine Erfolgsgeschichte

Die deutsche »Goldküste« liegt am Titisee.

ohnegleichen. Da wundert es nicht, dass auch der *Sommerski, der Skiroller, wie wir ihn heute kennen, im Schwarzwald entwickelt* wurde. Oskar Rösch aus Pforzheim war es, der in den 1950ern Skiroller mit Ballonreifen und Kabelzugbremsen baute und erstmals vermarktete. Auch *zwei der bedeutendsten Skispringer* der deutschen Sportgeschichte sind echte Schwarzwälder: *Georg Thoma* (geboren 1937) feierte seinen größten Erfolg, als er die Goldmedaille in der nordischen Kombination bei den Olympischen Spielen 1960 in Squaw Valley (USA) errang. Anfang der 1960er-Jahre wurde er dreimal Deutscher Meister im Skispringen und erkämpfte sich 1964 eine olympische Bronzemedaille in Innsbruck. Georg Thoma ist bis heute seiner Heimatgemeinde Hinterzarten verbunden geblieben. Hier baute er ein Skimuseum, durch das er selbst führt. Drei Jahre lang, von 1998 bis 2001, gehörte *Martin Schmitt* (geboren 1978) zu den Besten der Welt. Zweimal gewann er den Gesamtweltcup und feierte 28 Weltcupsiege. Zehn Medaillen und vier WM-Titel holte er sich bei den nordischen Ski-Weltmeisterschaften, bei den Olympischen Spielen einmal Gold und zweimal Silber. Im Jahr 1999 stellte er mit 214,5 Metern einen neuen Skiflug-Weltrekord auf. Nach 2002 konnte Martin Schmitt nicht mehr an frühere Erfolge anknüpfen. Doch er hielt tapfer an seiner sportlichen Leidenschaft fest und nahm beispielsweise bis 2014 an den Springen der Vierschanzentournee teil, wo er zuletzt Rang 42 belegte. Ende 2014 gab er der Öffentlichkeit das Ende seiner sportlichen Karriere bekannt.

Was den Schweizern Zermatt und den Österreichern Kitzbühel, das ist den Schwarzwäldern Titisee-Neustadt, gelegen an der »Goldküste« des Titisees. Idyllisch liegt dieser eingebettet zwischen den höchsten Gipfeln des Schwarzwalds auf 840 Metern Höhe. Es ist mit 1,3 Quadratkilometern der größte Karsee und zugleich der einzige in bewohntem Gebiet – am Nordufer liegt der Ort Titisee-Neustadt, wo sich eine endlose Reihe von Andenken- und Souvenirläden finden, in denen Touristen aus aller Welt fündig werden – daher der Name »Goldküste«. Vom Bollenhut bis zur Buddhafigur, vom Schwarzwald-Girl-Püppchen über Luxusuhren bis zur Murmeltiersalbe wird alles angeboten. Bis zu 20 000 Besucher pro Tag lassen die Kassen klingeln. Die Hochfirstsprungschanze bei Titisee-Neustadt, allwinterlich im Fernsehen zu bestaunen, ist *die größte Naturschanze Deutschlands*, nach anderen Angaben gar die größte der Welt. Die wohl *berühmteste Höhenstraße der Republik* ist die Schwarzwaldhochstraße. Touristischer Höhepunkt ist der Mummelsee, 1029 Metern über dem Meeresspiegel gelegen. Der Name geht vermutlich auf die »Mummeln« zurück. Der Volksmund nennt so die Seerosen, die dort früher angeblich häufig vorkamen. Um den See ranken sich zahlreiche Sagen. Eine davon erzählt von einer Nixe, die nachts aus dem See stieg, Menschen half, mit ihnen sang und tanzte. Grimmelshausens Simplicissimus wurde von Seebewohnern zum Mittelpunkt der Erde entführt, er musste dafür geheimnisvollen Kanälen und Wasserverbindungen folgen. Berühmt wurde der See jedoch erst durch Eduard Mörike und sein Gedicht »Die Geister am Mummelsee« aus dem Jahr 1829.

Schier endlos sind die Superlative des Schwarzwalds. Logischerweise steht hier *der höchste Baum Deutschlands*, die über 67 Meter hohe Douglasie »Waltraud« im Freiburger Stadtwald, die sogar zu den zehn höchsten Bäumen Europas zählt. Endlos könnten wir weiter schwärmen von dem großartigsten Gebirge der Welt. Der Streifen *»Schwarzwaldmädel« etwa schrieb deutsche Filmgeschichte*, die Fernsehserie *»Schwarzwaldklinik« war in 43 Ländern erfolgreich und wurde hierzulande zur Mutter eines ganzen Genres,* der noch immer beliebten Arzt- und Klinikserien. Wolfgang Rademann (1934–2016) produzierte die Schwarzwaldklinik ab 1984 für das ZDF. Die 73 Folgen lockten bis zu 28 Millionen Zuschauer vor den Fernseher, *die höchste Zuschauerzahl* für eine Sendung mit fiktivem Inhalt. Touristen strömten massenweise ins idyllische Glottertal, wo die Außenaufnahmen der Schwarzwaldklinik gedreht wurden: Die Originalkulisse, der Carlsbau in der Nähe von Freiburg, der damals die Kurklinik

»Glotterbad« beherbergte, zog jährlich 200 000 Touristen an, die zum Teil höchst verwirrt waren, darin nicht ihre geliebte Schwarzwaldklinik vorzufinden.

Der Größte, das Kleinste und das Seltenste – Tiere, die es nur in Baden-Württemberg gibt

Nur oberhalb von 1000 Metern und nur in der Gegend von Feldberg, Belchen und Wiesental kommt *der Badische Riesenregenwurm (Lumbricus badensis)* vor. Der Ringelwurm ist größer als alle seine weltweit über 3000 Wurmverwandten. Der Kawenzmann kann in ausgestrecktem Zustand bis zu 60 Zentimeter lang werden, schlaff immerhin 35 bis 40 Zentimeter. Die Tierchen haben einen Durchmesser von 12 bis 16 Millimeter und erreichen ein Gewicht von 24 bis maximal 40 Gramm. Außerdem gibt es regelrechte Methusalems, die bis zu 20 Jahre alt werden. Seiner Wohnhöhle, die er bis in 2,5 Meter Tiefe gräbt, bleibt der Riesenwurm lebenslang treu, durch Anlegen von Erdkammern betreibt er Brutfürsorge. Sein evolutionärer Vorteil ist, dass ihm in den tiefen Höhlen in Wintern strenger Frost nichts anhaben kann. Außerdem muss er seine Höhle aufgrund der Länge nicht ganz verlassen, um Blätter und Fichtennadeln in seine Höhle zu ziehen, zu verdauen und mit seinem Kot die Höhlen zu tapezieren. Wer sich auf die Suche nach dem *Lumbricus baden-*

Der Goliath unter den Regenwürmern.

sis macht, kann sein Glück auf dem 2,5 Kilometer langen

»Regenwurmpfad« am Belchen versuchen. *Noch seltener* als der lange Wurm ist eine Laufkäferart, die erst kurz nach der Jahrtausendwende entdeckt, beschrieben und auf den Namen *Nebria praegensis* getauft wurde. Sie kommt nur in einer einzigen Blockhalde bei Präg am Feldberg vor.

Die kleinste Rinderrasse Zentraleuropas wird nur noch im Schwarzwald rund um Feldberg und Belchen kommerziell gehalten. Das Hinterwälder Rind soll keltische Vorfahren haben, es gilt als genügsam und als besonders langlebig. Die Tiere werden 115 bis 125 Zentimeter groß und zwischen 380 und 480 Kilogramm schwer. Das Fell ist hellgelb bis dunkelrot-braun auf weißem Grund, außerdem gefleckt, das Fell des Kopfes ist weiß. Das Hinterwälder Rind gehört zu den gefährdeten Nutztieren, das Land Baden-Württemberg zahlt Haltungsprämien. Neben dem Dortmunder Zoo und der Wilhelma gibt es im Saarland und in der Schweiz Züchter, die sich um den Erhalt der Rasse bemühen.

Schlucklöcher und Sinkhöhlen – Aach- und Blautopf, die wasserreichsten deutschen Quellen

M an muss sich die Wassermenge mal in Milchkannen umrechnen: Zwischen 1310 und 24 000 Liter pro Sekunde, durchschnittlich 8590 Liter treten im *Aachtopf* zutage. Ein begabter Mathematiker hat einmal ausgerechnet, dass man mit einer durchschnittlichen Zwei-Stunden-Schüttung den kompletten Bodensee mit 50-Liter-Milchkannen umstellen könnte, lückenlos, Kanne an Kanne.

Aus 18 Metern Tiefe steigt das Wasser auf und bildet zwischen Tuttlingen und Singen einen kleinen See, der sich als Radolfzeller Aach entleert und in den Bodensee fließt. Nach bescheidenen 32 Kilometern. Das Wasser stammt aus »Schlucklöchern« und »Sinkhöhlen« (Dolinen) zwischen Immendingen und Möhringen sowie aus der versickernden Donau bei Fridingen und aus weiteren Schlucklöchern bei Neuhausen ob Eck und Heudorf im Hegau. Durch ein gewaltiges Höhlen- und Spaltensystem fließt das Wasser mit fast 200 Metern pro Stunde zur Quelle des Aachtopfs. Dass das Wasser des Aachtopfs aus der Donauversinkung stammte, wies erstmals 1877 der Geologe Adolph Knop von der Technischen Hochschule Karlsruhe nach. Er schüttete

Ziemlich viel Wasser: der Aachtopf. reichlich Chemie, etwa Schieferöl (1200 Kilogramm) und Salz (20 Tonnen) in die Donauversinkung und stellte 60 Stunden später im Aachtopf ein »prachtvoll grünleuchtendes« Salzwasser mit Kerosingeschmack fest. Die Tauchversuche des Jahres 1886 gehören zu den *weltweit ersten Höhlentauchversuchen* und endeten in 12 Metern Tiefe an einer Engstelle mit starker Strömung. Systematisch erforscht wird die Karstquelle seit den 1960er-Jahren.

Auf Platz zwei rangiert der *Blautopf* bei Blaubeuren. Hier entspringt spektakulär der Fluss Blau, der nach 22 Kilometern in die Donau mündet. Je nach Niederschlag beträgt die Schüttung bis zu 33 000 Liter pro Sekunde, im Mittel sind es 2300 bei einem Einzugsgebiet von 160 Quadratkilometern.

Im Verlauf der Jahrmillionen hat sich ein trichterartiger Quelltopf gebildet – Tiefe 21 Meter, Durchmesser 40 Meter. Seine charakteristische Färbung geht auf winzige Kalkpartikel im Wasser zurück, in denen sich das Licht auf einzigartige Weise bricht.

Die Legenden besagen allerdings etwas ganz anderes, dass nämlich täglich ein Fass voll Tinte hineingeschüttet wird. Man glaubte, die Karstquelle des Blautopfs sei bodenlos: Eine Nixe stahl immer wieder das Bleilot, mit dem man die Tiefe zu ermitteln versuchte. So entstand auch ein bekannter schwäbischer Zungenbrecher:

S leit a Klötzle Blei glei bei Blaubeira,
glei bei Blaubeira leit a Klötzle Blei.

Hochsprachlich lautet das in etwa:

Es liegt ein Klötzlein Blei gleich bei Blaubeuren,
gleich bei Blaubeuren liegt ein Klötzlein Blei.

Noch mehr Wasser: der Blautopf.

In dem riesigen unterirdischen Höhlensystem werden auch heute noch Entdeckungen gemacht. So etwa eine riesige, trockene Halle von 170 Metern Länge und je 50 Metern Höhe und Breite. Im Jahr 2010 legten Forscher mit einer Bohrung einen trockenen Weg zum Blautopfhöhlensystem an, 2012 wurde eine Verbindung zur Hessenhauhöhle nachgewiesen. Das Tauchen im Blautopf gilt als gefährlich und ist heute verboten – der Grund wurde erst 1957 von einem Taucher erreicht.

Blass und selten – Europas einziger Höhlenfisch

Sie hat Biologen in Entzückung versetzt: die Schmerle, ein kleiner blassrosa Höhlenfisch im schwer zugänglichen Höhlensystem des Aachtopfes. Erstmals gesichtet wurde das kleine farblose Tier 2015 von einem Höhlentaucher, ans Tageslicht und in die Universität Konstanz gebracht wurde es Anfang 2017. Dass das Fischlein erst so spät entdeckt wurde, liegt daran, dass Profitaucher eine Stunde lang brauchen, um zur Fundstelle zu gelangen. Den Forschern war schnell klar: *Es ist der erste Höhlenfisch, der in Europa nachgewiesen wurde, und zugleich der nördlichste Fundort überhaupt.* Bislang ging man davon aus, dass Höhlenfische nur südlich des 41. Breitengrades vorkommen, also südlich etwa von Neapel. Als Grund vermutete man die Eiszeit: Im Norden war alles zugefroren. Die Schmerle ist womöglich nach dem Ende der Würmeiszeit vor 20 000 Jahren an den Bodensee gelangt. Der wissenschaftliche Name lautet *Barbatula barbatula*, zu

Deutsch Donau-Bachschmerle. Die fünf bislang gefangenen Exemplare haben unscheinbar kleine Augen, dafür große Nasenlöcher und verlängerte Barteln, also fühlerartige Fortsätze am Maul. Sie müssen in ihrer dunklen Umgebung besser riechen und schmecken als sehen können. Nun werden die maximal zehn Zentimeter langen Schmerlen untersucht. Verhaltensexperimente und genetische Studien stehen an. Sie sollen Fragen beantworten wie: Haben die Tiere einen Tag-Nacht-Rhythmus, wie und wo finden sie Nahrung und Paarungspartner, oder vergrößern sich die Augen bei den nachfolgenden Generationen, wenn sie Tageslicht ausgesetzt sind?

Nadelbaum ohne Bodenhaftung

Zäh und genügsam scheint der Baum zu sein, besonders stabil sein spezieller Untergrund. In Bad Herrenalb im Nordschwarzwald wächst nämlich eine ganz banale und dennoch besondere Kiefer (*Pinus silvestris*), denn sie berührt nicht den Erdboden, ihr Stamm setzt hoch über dem Betrachter an. Im beschaulichen Herrenalber Klostergarten steht eine Kirche, davor die Ruine eines gotischen Klostergemäuers mit einem gut erhaltenen Torbogen. Und auf diesem Torbogen wächst seit mindestens 200 Jahren eine prächtige Kiefer in die Höhe, die Wurzeln hoch oben im Gemäuer des Bogens. Dieser ist von der Sprengkraft der wuchernden Wurzeln, die es im Laufe der beiden Jahrhunderte bis ins Erdreich geschafft haben, keineswegs zerstört worden, vielmehr steht er nach Angaben der Kurverwaltung relativ stabil, auch wenn Mauer und Baum zunehmend mit Gurten stabilisiert werden müssen. Irgendwann steht die Entscheidung der Gemeinde

Wie lange noch stabil? Die Herrenalber Kiefer.

an, ob sie die »Ruine Paradies« retten und den Baum opfern will oder muss. Bis dahin können sich Kurgäste und Einheimische an dem Kuriosum des scheinbar frei schwebenden Baumes erfreuen. Nebenbei bemerkt, stehen im Kurpark von Bad Herrenalb aus botanischer Sicht weitaus interessantere Bäume, wie ein Urweltmammutbaum oder eine Atlaszeder.

Die einzigen freilebenden Gelbkopfamazonen

Wegen der Zerstörung der Regenwälder und wegen des illegalen Zoohandels ist die Gelbkopfamazone in ihren Heimatländern Brasilien, Peru, Venezuela und Trinidad vom Aussterben bedroht – in Baden-Württemberg aber geht es der einzigen frei lebenden Population außerhalb Amerikas seit vielen Jahren prächtig, trotz der Kälte im Winter. Ihre neue Heimat haben die wilden Vögel unweit der Wilhelma in Stuttgart gefunden.

Schreit ein Baby? Oder wird ein Tier gequält? Wer die Papageien sieht, die den akustischen Krawall erzeugen, und deren Geschichte nicht kennt, fragt sich möglicherweise, ob sie aus der Wilhelma ausgebüxt sind. Quietschgrün sind die wilden Vögel – nur ihre Köpfe leuchten gelb. Der Legende nach entflog das erste Paar 1984 einem Wilhelma-Mitarbeiter. Die Herkunft des Paars ist jedoch bis heute ein Rätsel. Fest steht, dass eines Tages eine Gelbkopfamazone in der Wilhelma auftauchte, vermutlich ein entflohenes Haustier. Da Papageien gesellige Tiere sind, besuchte der Vogel jeden Morgen seine Artgenossen. Ein Zoomitarbeiter muss Mitleid mit dem einsamen Vogel gehabt haben, so spekulieren die Experten. Denn exotische Tiere freizulassen, ist rechtlich untersagt. Trotzdem hat sich irgendwann ein Paar gefunden. Über 50 Mitglieder gehören mittlerweile zu der einzigen in Europa frei lebenden Papageienfamilie. Die meisten Cannstatter kennen die Amazonen. Mit ihrer südländischen Lebensfreunde sind die reing'schmeckten Mitbewohner auch nicht zu überhören. Wie sie den Winter überstehen, weiß niemand so genau. Geschafft haben sie es jedenfalls, sich der Kälte anzupassen. In Fressgemeinschaften aus vier, fünf Vögeln pendeln sie zwischen Cannstatter Kurpark und Unterem Schlossgarten hin und her. Gesehen wurden sie aber auch schon in Feuerbach und Fellbach. Im Rosensteinpark brüten die bunten Vögel.

In der Regel werden die Gelbkopfamazonen 70 bis 80 Jahre alt. Sollte das erste Paar noch leben, das Mitte der 1980er die Population begründet hat, ist es vermutlich immer noch zusammen. Denn Amazonen sind sich ein Leben lang treu.

Sonne, Hitze, Wind –
das Wetter in Baden-Württemberg kann extrem sein

Nicht nur der badische Wein, ganz Baden-Württemberg ist von der Sonne verwöhnt. *Die sonnigste Großstadt Deutschlands ist Freiburg* mit 1740 Sonnenstunden. Auch Karlsruhe landet in den Top 10 mit 1691 Sonnenstunden (Platz 5). Kaum düsterer sieht es in Mannheim aus. Mit 1673 Stunden Sonne erreicht die Quadratestadt den achten Platz.

Laut Meteomedia wurden *die meisten Sonnenstunden in Baden-Württemberg auf dem Hohentwiel* im Hegau gezählt, im Jahr 2007 sollen es 2147 gewesen sein, im Jahr darauf 2057. Der Deutsche Wetterdienst hat im Jahr 1959 auf dem Klippeneck, am südlichen Rand der Schwäbischen Alb den *Allzeitrekord von 2329 Sonnenscheinstunden* gemessen.

Aber auch Orkan Lothar wütete europaweit nirgends heftiger als im Ländle, genauer auf dem Hohentwiel, über den er mit bis zu 272 Stundenkilometern hinwegfegte. Auf der Feldberger Messstation fiel an jenem denkwürdigen zweiten Weihnachtsfeiertag 1999 der Strom aus. Die letzte verwertbare Messung lag bei 212 Stundenkilometern. *Den höchsten Wert im deutschen Flachland erzielte Lothar in Karlsruhe: mit bescheidenen 151 Stundenkilometern.*

In Baden wurden auch die höchsten Temperaturen Deutschlands gemessen, und zwar am 13. August des Jahrhundertsommers 2003. Der Deutsche Wetterdienst verkündete, dass in Freiburg sowie in March im Breisgau mit 40,2 Grad ein neuer Rekord registriert wurde. 40,2 Grad reklamieren auch die Städte Karlsruhe und Mannheim für sich, gemessen am selben Tag. Karlsruhe erlebte bis zum 14. August *die bis dahin heftigste und längste Hitzewelle.* Es wurden 53 Hitzetage (Temperaturen über 30 Grad, davon 12 Tage über 35 Grad) verzeichnet. Mit einer Jahresmitteltemperatur von 11,4 Grad liegt Freiburg vor Karlsruhe mit 10,7 Grad. Die Meteorologen streiten sich, ob der Unterschied von 0,7 Grad an der Lage der beiden Messstationen liegt. Möglicherweise ist es in Ihringen am Kaiserstuhl noch wärmer als in den Großstädten, doch dort mangelt es an standardisierten Messverfahren. Jedenfalls wirbt die Gemeinde damit, *wärmster Ort Deutschlands* zu sein. Der Weinbauort liegt geografisch günstig und profitiert von den Vogesen. Die über 1000 Meter hohen Berge fangen erstens die Wolken ab und produzieren zweitens auf ihrer Ostseite Föhneffekte.

Im bayerischen Kitzingen wurden am 5. Juli 2015 40,3 Grad gemessen. Ein neuer Rekord, so der Deutsche Wetterdienst. Das Meteorologische Institut des KIT hat in Karlsruhe am gleichen Tag 40,5 Grad gemessen. Dieser Wert ist sicher exakt, wird aber nicht offiziell akzeptiert, weil der Wetterdienst seine Messstation 2008

Lothardenkmal auf dem Siedigkopf im Schwarzwald.

nach Rheinstetten verlegt hat. Und da ist es immer ein bis zwei Grad kühler. Sprich: Karlsruhe kann offiziell keine Temperaturrekorde mehr brechen, obwohl die Messstation dieselbe geblieben ist wie beim Rekord von 2003. Inoffiziell jedoch steht fest: Der heißeste Ort der Republik ist Karlsruhe, und der heißeste Tag der Republik war dort der 7. August 2015. An der ehemaligen offiziellen Messstation wurden sage und schreibe 41,2 Grad gemessen.

DICHTER, DENKER, TEDDYBÄREN – PERSÖNLICHKEITEN IM SÜDWESTEN

Der erste grüne Ministerpräsident

Jahrzehntelang schien es, als werde erst in Rom eine Päpstin gewählt, ehe ein Grüner Ministerpräsident in Deutschland wird. Ein fast zwei Meter großer Mann mit weißem Bürstenhaarschnitt hat 2011 in der traditionell schwarzen Bastion Baden-Württemberg das Unmögliche möglich gemacht und Historisches, fast schon Revolutionäres, vollbracht. Nach 58 Jahren war's mit einem Schlag vorbei mit der Macht der CDU.

Der 1948 in Spaichingen geborene Winfried Kretschmann ist der erste und bisher einzige Regierungschef der Grünen in einem Bundesland. Für seinen ersten Einzug in die Villa Reitzenstein mögen ihm der Schock nach dem Reaktorunfall in Fukushima und der Streit um Stuttgart 21 geholfen haben. Doch seine Beliebtheitswerte stiegen danach auch ohne diese Themen immer weiter an. Nach einer Forsa-Umfrage ist er der beliebteste Ministerpräsident in Deutschland. Der Merkel-Versteher hat die Öko-Partei in die Mitte der Gesellschaft geführt. Viele Konservative denken, er sei einer von ihnen. Was er auch macht, peinlich wirkt er nie, selbst wenn sich mitten in einer Debatte im Landtag seine gürtellose Hose selbstständig macht. »Jetzt rutscht mir au no d'Hos«, bemerkt er, und alles lacht.

Schon zu Lebzeiten hat es der frühere Lehrer, der mal Mitglied im Kommunistischen Bund Westdeutschland war, ins Museum geschafft. Ein Paar schwarze Herrenschnürschuhe der Größe 48 spendete »Kretschi«, wie er ohne Verbeugung genannt wird, dem Deutschen Schuhmuseum Hauenstein. Es sind die größten Schuhe eines Prominenten in der Ausstellung. Der für Sparsamkeit und Bodenständigkeit bekannte Politiker lebt auf großem Fuß. Viele in seiner

2011 wurde Kretschmann als erster Grüner Ministerpräsident.

Partei fragen sich, wer in diese Fußstapfen einmal treten und sie ausfüllen kann. Dem zweifachen Großvater, der älter ist als das Land, das er regiert, ist zuzutrauen, dass er so schnell nicht abtritt. Viele Wählerinnen und Wähler würden sich genau dies wünschen.

Neben der Bibel nutzt der Ausnahmepolitiker gern eine weitere Quelle als intellektuellen Zitatenschatz. Seine Bewunderung für die Werke der deutsch-amerikanischen Philosophin Hannah Arendt ist so groß, dass ihn Spötter damit aufziehen. Aber nicht nur in intellektuellen Belangen weiß er, was dem Menschen gut tut. Bei den leiblichen Dingen favorisiert Kretschmann eine Scheibe Brot mit Zwetschgengsälz (auf Hochdeutsch: Pflaumenmarmelade) zum Frühstück. Die Lieblingsspeise des Regierungschefs sind Kässpätzle mit Endiviensalat, so wie sie seine Frau Gerlinde Kretschmann kocht.

Mitglied im Schützenverein ist er und ein Fan von Marschmusik. Dass er als Konservativer eingestuft wird, gefällt ihm – und er setzt sich doch klar vom Konservatismus eines Franz Josef Strauß ab. Wer bewahren möchte, der müsse Mut zum Gestalten haben, findet Kretschmann. »Wenn der alte Konservatismus dem Klimaschutz noch immer nicht die dringliche Priorität einräumt, zeigt das, dass das Konservative hier genauso zu einer leeren Hülse verkommt«, schrieb er in einem Gastbeitrag für die »Frankfurter Allgemeine Zeitung«. Der beliebte Grüne sieht sich als moderner Konservativer und engagiert sich für »verlässliche Bindungen in Ehe und Familie, egal ob es sich um die klassische bürgerliche Kleinfamilie, um gleichgeschlechtliche Beziehungen, um Alleinerziehende mit Kindern oder um Patchwork-Familien handelt«.

Ein Ministerpräsident mit Ecken und Kanten, ein Unbeugsamer, der sich im Politbetrieb nicht geradebiegen lässt und dazu noch mit spezieller Frisur und Aussprache unverkennbar ist – endlich kann auch ein Kabarettist mal einen Politiker verehren. »Als Schwabe bin ich froh darüber, dass man uns dank ihm im Rest der Republik nicht mehr nur auf Spätzle und Kehrwoche reduziert«, schwärmt der Stuttgarter Mathias Richling, der fünf Jahre jünger ist als der Kult gewordene Grüne. Das Land wird angeführt von seinem größten Exportschlager nach Mercedes, Porsche und Bosch.

Ein Unterkiefer wird zum Weltstar – der Homo heidelbergensis ist unser ältester Vorfahr

I n Baden-Württemberg lebte es sich offenbar schon immer gut. Ein Tagelöhner aus Leimen buddelte am 21. Oktober 1907 im Sand der Grube »Grafenrain« bei Heidelberg und grub einen fossilen Unterkiefer aus. Ein Paläontologe namens Otto Schoetensack ordnete ihn der Gattung der Hominiden zu. Das Kinn war zwar nur wenig ausgeprägt, aber die Größe und Anordnung der Zähne ließen auf einen menschlichen Vorfahren schließen. Schoetensack, der seit 20 Jahren in den Sanden von Mauer bei Heidelberg Ausgrabungen vornahm und stets auf einen solchen Fund gehofft hatte, taufte ihn *Homo heidelbergensis* – eine wissenschaftliche Sensation. Die Forscher schätzten sein Alter auf etwa 600 000 Jahre. Damit war er zur Zeit seiner Entdeckung der älteste in europäischem Boden gefundene Urmensch. In Deutschland tauchte bis heute kein älterer Vorfahr auf. Der Heidelberger Unterkiefer gilt als »Typusexemplar«, hat also der genauen Taxierung und Benennung der gesamten Gattung gedient. Unser Vorfahr lebte im frühen Mittelpleistozän. Tierknochenfunde und Sedimente lassen darauf schließen, dass er sein Dasein in einem Waldgebiet verbrachte gemeinsam mit Waldelefanten, Waldnashörnern, Nilpferden, Urlöwen, Säbelzahntigern, Affen, Wildpferden sowie noch heute in unseren Breiten vorkommenden Waldbewohnern wie Hirsch, Wildschwein, Biber und Wühlmaus. Das Klima war angenehm, die Winter waren mild. Werkzeugfunde belegen, dass der *Homo heidelbergensis* nicht nur gejagt hat, sondern mit seinen Artgenossen, in welcher Art auch immer, kommuniziert haben muss. In der Forschung wurde der Begriff »Homo heidelbergensis« kontrovers diskutiert: Mal wird der »Heidelberger Mensch«

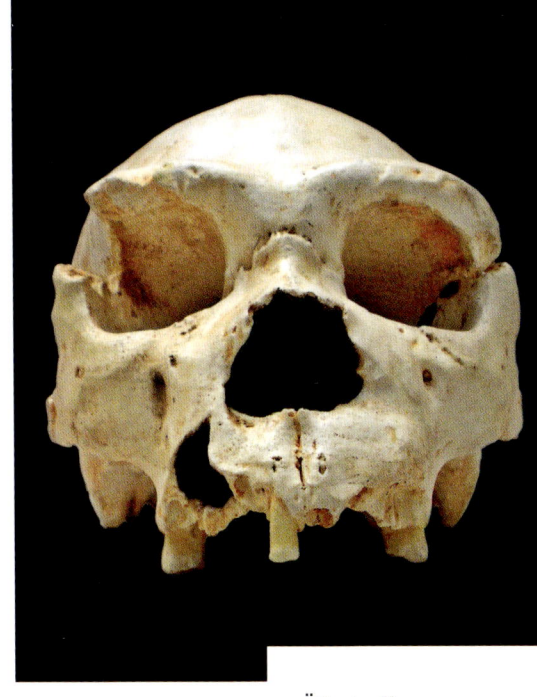

Ältester Kurpfälzer: Homo heidelbergensis.

zur viel älteren Gattung des ursprünglich in Afrika ansässigen *Homo erectus* gezählt, mal wird er als dessen Nachfahre und somit als letzter gemeinsamer Vorfahr des Neandertalers und des *Homo sapiens* bezeichnet. Auch der *Denisova-Mensch*, ein anderer früher Vertreter der Gattung *Homo*, könnte der Linie des *Homo heidelbergensis* entstammen.

Inzwischen wird die Gattungsbezeichnung meist für die frühen Nachfahren der aus Afrika in Richtung Europa ausgewanderten Urmenschen verwendet. Der »Heidelberger Mensch« war vielerorts zu Hause, wie zahlreiche Funde belegen: in Spanien, England, Frankreich, Ungarn, Italien, Griechenland, aber auch in Israel und Marokko. Heute gelten 1,4 Millionen Jahre alte Knochenfunde, die 2002 im südspanischen Orce entdeckt wurden, als bislang älteste Belege dieser »Heidelberger Menschen« in Europa. Während von unserem Heidelberger Vorfahren nur ein Kieferfragment erhalten ist, wurden in einer Höhle in Spanien 28 zum Teil vollständige Skelette geborgen, allerdings gut 200 000 Jahre jünger.

Die Schwabenstars Äffle, Pferdle und ihre badische Freundin Schlabbinchen

Im bayerischen Holzkirchen ist er 1928 zur Welt gekommen und hat sie 1996 in Stuttgart mit schwäbischen Worten verlassen. Armin Lang, der sich mit knapp 2000 Folgen der Zeichentrickstars Äffle und Pferdle ewige Verdienste um den Schwabenstolz erworben und 1986 für seine badischen Freunde auch noch die kurpfälzische Hundedame Schlabbinchen erfunden hat, wurde nur 68 Jahre alt. Sein um sechs Jahre jüngerer Bruder Volker Lang, der bis heute dem schlauen Huftier, dem Größeren der Schwabenhelden, die Stimme verleiht, erinnert sich ganz genau, was »dr Armin« auf dem Sterbebett gesagt hat.

Der ältere Bruder war zu schwach, um in seinem Haus die Treppen hoch ins Schlafzimmer zu gehen. Er lag unten in seinem Büro. Als ein befreundeter Arzt ihn besuchte, habe dieser gesagt: »Armin, was machsch auch du für Sacha?« Darauf habe Armin Lang erwidert: »So isch's na au wieder.« Es sollten seine letzten Worte sein.

Zwei Jahre vor seinem Siebzigsten starb Armin Lang an den Folgen einer Krebserkrankung. Sein Sohn Armin Lang junior führt seitdem die Geschäfte fort, unterstützt vom neuen Dialogschreiber Heiko Volz, der das Äffle spricht, sowie von Volker Lang als Pferdle. Das Schwabenduo hat viele junge Fans dazu

Armin Lang mit Äffle und Pferdle.

gewonnen und ist im Netz erfolgreicher denn je. Armin Lang dürfte, wenn er vom Himmel runterschaut, stolz darauf sein, wie sein Lebenswerk fortgeführt wird. Auch im Fernsehen sind seine Figuren wieder zuhause, nämlich in der »Landesschau«. Vom Pausenfüller haben sie es zum baden-württembergischen Kulturgut geschafft. Äffle und Pferdle treffen die schwäbische Seele und die schwäbische Logik im Kern. Immer mal wieder treffen sie ihre Freundin Schlabbinchen, um von ihr etwas aus dem badischen Leben zu erfahren und ihr Gespür für schwäbische Erfolgstechniken zu schärfen. Fragt's Äffle: »Gell, Sahne muass mr schlaga?« Antwortet das Pferdle: »Ja, aber bloß, wenn se net freiwillig uff da Kucha nuffgoht.«

Bosch – mit dem Magnetzünder ganz nach oben

E r war ein liberaler Weltbürger und liebte seine Heimat: Vom guten Ruf des 1942 verstorbenen Fabrikanten Robert Bosch profitiert das gleichnamige Unternehmen noch immer. In Stuttgart eröffnete der weltberühmte Erfinder am 15. November 1886 eine Werkstatt für Feinmechanik und Elektrotechnik und legte den Grundstein für die heutige Robert Bosch GmbH. Als es ihm 1897 mit Hilfe eines Mitarbeiters gelingt, einen Magnetzünder an einen hochtourigen Kraftfahrzeugmotor anzupassen, erlebt die noch junge Automobilindustrie eine Revolution. Aber auch bei Kühlschränken und Waschmaschinen steht der Firmenname Bosch für hochwertige Elektronik. Weil der Firmengründer in boomenden Zeiten den Achtstunden-Arbeitstag für seine Mitarbeiter eingeführt und höhere Löhne als andere Firmen bezahlt hat, wurde er der »rote Bosch« genannt. Der Vater von fünf Kindern (von zwei Frauen) war schon früh ein Vorbild für Unternehmertum mit sozialer Verant-

Bosch steht für hochwertige Elektronik.

wortung:»Lieber Geld verlieren als Vertrauen«, lautete einer seiner Grundsätze. Bosch spendete unter anderem Geld für den Bau des Neckarkanals, zur Gründung von Stiftungen und für ein Krankenhaus. Außerdem wandelte er im Ersten Weltkrieg Fabriken zu Lazaretten um und versorgte Arbeiter, die aus dem Krieg verwundet zurückkamen, mit künstlichen Gliedmaßen. Zeitlebens besuchte Bosch – der Legende nach – nie einen Arzt und setzte auf Homöopathie. Er starb 1942 an den Folgen einer Ohrenentzündung. In seinem Testament verfügte Bosch, dass die Erträge des Unternehmens gemeinnützigen Zwecken dienen sollten.

Seiner Zeit war der Stuttgarter Ehrenbürger immer weit voraus – umso mehr würde es ihn schmerzen, wüsste er, was in seinen Namen Jahrzehnte später geschah. Der schwäbische Autozulieferer Bosch entwickelte die betrügerische Software für Volkswagen, mit der die Wolfsburger Millionen von Autokäufern hinters Licht führten. Nationale Umwelt- und Steuerauflagen wurden damit missachtet.

Genie und Pechvogel – Karl Friedrich Christian Ludwig Freiherr Drais von Sauerbronn, Erfinder des Fahrrads

Völlig verarmt und kurz vor der Entmündigung stehend starb am 10. Dezember 1851 in Karlsruhe ein Genie und Pechvogel. Die Rede ist von Karl Friedrich Christian Ludwig Freiherr Drais von Sauerbronn, geboren am 29. April 1785, ebenfalls in der badischen Residenz. Sein Vater war Oberhofrichter, sein Pate Markgraf Karl Friedrich von Baden höchstselbst. Der Vater wollte, dass sein Filius Förster wird. Nach einem Studium in Heidelberg trat Drais eine Stelle als Forstlehrer an. 1810 wurde er Forstmeister ohne Forstamt, ein Jahr später jedoch freigestellt, um als Erfinder wirken zu können, sein Gehalt bezog er weiter.

Seine erste »Fahrmaschine« entstand 1813/14. Er konstruierte ein Fahrzeug mit vier Rädern, die zunächst über eine Art Tretmühle, später über eine Kurbelwelle angetrieben wurden. Die »Fahrmaschine« sollte Pferdefuhrwerke ersetzen, denn ab 1812 litt Europa mehrere Jahre lang unter Missernten, weshalb es auch an Futter fehlte. Eine Vorführung zu Hofe in Gegenwart der Markgräfin sowie des rus-

sischen Zaren Alexander war ein voller Erfolg: Der Zar nannte das Fuhrwerk »genial« und schenkte Drais einen Brillantring. Die Fortentwicklung waren jene Schienenfahrzeuge, die heute noch »*Draisine*« heißen. Auch daran war der Freiherr nicht unbeteiligt. 1842 erprobte er mit Genehmigung der Staatseisenbahn eine Schienendraisine mit Fußantrieb.

Die wichtigere Erfindung war Drais' »*Laufmaschine*«, *das erste Zweirad*. Man saß auf einem groben Sattel und stieß sich am Boden mit den Füßen ab. Mit dem 22 Kilogramm schweren Gefährt rumpelte der adlige Erfinder mehr recht als schlecht über die holprigen Straßen. Für Menschen mit empfindlichem Gesäß war das bis zu 15 Stundenkilometer schnelle Laufrad jedenfalls nichts.

1817 führte Drais seine nun verbesserte Fahrmaschine bei einer Messe in Wien vor. Zwar hatte er ein Patent und wurde 1818 zum Professor für Mathematik ernannt, aber das Pech nahm allmählich seinen Lauf. Drais war nämlich nicht nur kauzig (er führte seine öffentlichen Darbietungen in Försteruniform durch, was der Regierung missfiel), von manchen wurde er belächelt und vor allem, trotz seines Patentes, vielfach kopiert. Allenthalben wurde die »Draisine« nachgebaut, während er als freigestellter Beamter nicht unternehmerisch tätig werden durfte.

Drais gelangen noch weitere Erfindungen, die heute noch in weiterentwickelter Form in Gebrauch sind. So erfand er einen Holzsparherd mit Kochkiste, also *einen Isolierbehälter, der gekochte Speisen warmhielt*, oder *die erste Tastenschreibmaschine*, die er 1821 für seinen fast blinden Vater entwickelte.

Drais' Vater war es auch, der den Kotzebue-Mörder Karl Ludwig Sand verurteilt hatte. Dessen Anhänger nahmen den Sohn in Sippenhaft und verfolgten ihn. 1821 floh er deshalb nach Brasilien, wo er als Geometer arbeitete. Zurück in Deutschland, verlor er nach einer von anderen angezettelten Prügelei seinen Status als Kammerherr, der Schriftsteller Karl Gutzkow, ein Anhänger Sands, betrieb tatkräftig Rufschädigung, und 1838 entging Drais nur knapp einem Mordanschlag. Wieder floh er, diesmal als Förster in den Odenwald. Gegen Ende seines Lebens war er ein glühender Befürworter der Demokratie und der Revolution, weshalb er seinen Adelstitel niederlegte. Mit der Folge, dass die adlige Regierung nach der Niederschlagung der Revolution nicht nur sauer war, sondern seine gesamte Pension beschlagnahmte und ihn noch kurz vor seinem Tod zu entmündigen versuchte. Drais' Ur-Fahrrad ist heute im Karlsruher Verkehrsmuseum ausgestellt.

Jürgen Klinsmann – der Trainer des Sommermärchens

» Stuttgart ist viel schöner als Berlin.« 2006 ist ein Lied mit diesem Refrain zum Sommerhit geworden – es war der Hit zu jenem bis heute legendären Sommermärchen, für das ein Schwabe verantwortlich war. Die Fußball-WM in Deutschland ist mit dem Namen von Klinsmann eng verknüpft. Der große Blonde hat den Fans zwischen Bodensee und Sylt als Bundestrainer den Spaß am Fußball zurückgegeben. Im schwarz-rot-goldenen Freudentaumel waren alle so happy, dass sie lautstark hinausposaunten, Stuttgart, also die Stadt des Spiels um den dritten Platz, sei in Wahrheit viel schöner als Berlin, wo das Finale stattfand. »Klinsis Jungs« hatten das Endspiel knapp verfehlt. Ihr dritter Platz wurde im Land gefeiert, als seien sie die wahren Sieger – die Sieger der Herzen waren sie ganz klar.

Auch wenn auf die Vergabe der WM Jahre danach Schatten fielen, weil Bestechungsvorwürfe und ungeklärte Geldüberweisungen im Raum standen, strahlt der Glanz des mit ungewöhnlichen Methoden arbeitenden Nationaltrainers bis heute noch hell.

Mit 14 Jahren war der 1964 in Göppingen geborene Jürgen Klinsmann nach Stuttgart gezogen, wo seine Eltern eine Bäckerei in Botnang übernahmen (die es bis heute noch gibt). Seine Profilaufbahn begann der gelernte Bäcker 1982 bei den Stuttgarter Kickers, die damals noch in der zweiten Bundesliga spielten. Was folgte, war eine einzigartige Sportkarriere. Mit seinen blonden Haaren und seinem strahlenden Lächeln war er ein Sunnyboy des Fußballs.

Von 1987 bis 1998 spielte Klinsmann in der deutschen Fußballnationalmannschaft, mit der er 1990 Welt- und 1996 Europameister wurde. Nach dem Sommermärchen gönnte er sich erst einmal Ruhe in den USA, wo er mit seiner Familie lebte. Von 2008 bis 2009 trainierte der berühmte Schwabe den FC Bayern München und von 2011 bis 2016 die Fußballnationalmannschaft der Vereinigten Staaten. In der schwäbischen Gemeinde Geislingen an der Steige, wo Klinsi aufwuchs, hat der Fußballheld sogar einen eigenen Weg. Der Jürgen-Klinsmann-Weg führt seit 2007 an einer Sportanlage vorbei, in der er einst als Kind beim SC Geislingen trainierte. Das Straßenschild ist begehrt: Schon mehrfach wurde es gestohlen.

Die Bäckerei Klinsmann im Stuttgarter Stadtteil Botnang.

Die »Legende des Sports« aus dem Schwarzwald – Jogi Löw

Zwei Menschen tragen den badischen Dialekt in die weite Welt: Wolfgang Schäuble und (deutlich sympathischer) Jogi Löw. Dabei waren gerade die Badener skeptisch, als der heute *erfolgreichste Bundestrainer aller Zeiten* seinen Dienst antrat. Als Bundesligaspieler kickte er 24 Spiele lang für den Karlsruher Sport-Club und traf sogar zweimal, doch als er 1999 den Verein als Trainer übernahm, endete das im Desaster: Er gewann nur eines von 18 Spielen und stieg in die Regionalliga ab. Vergeben und vergessen, heute ist Jogi auch in Karlsruhe ein Held. Geboren am 3. Februar 1960 in Schönau im Schwarzwald, war er als Spieler zuerst in seinem Heimatort und später beim SC Freiburg aktiv, bevor es ihn über Stationen beim VfB Stuttgart und Eintracht Frankfurt wieder nach Freiburg zog. Von dort ging es zum KSC, wieder zum SC Freiburg, schließlich in die Schweiz zum FC Schaffhausen, dem FC Winterthur und dem FC Frauenfeld. Das waren acht Vereinswechsel in siebzehn Jahren! Als Trainer heuerte Löw zuerst in Winterthur an und kam über den FC Frauenfeld zum VfB Stuttgart, mit dem er 1997 Pokalsieger wurde. Danach folgten einige Trainerstationen, bevor Jogi Löw 2004 Co-Trainer der Deutschen Nationalmannschaft wurde. Als Jürgen Klinsmann nach der Weltmeisterschaft 2006 den Trainerstuhl räumte, wurde Löw Cheftrainer der deutschen Nationalkicker. Mit großem Erfolg: Deutschland wurde mit ihm Vizeeuropameister 2008, Dritter bei der Weltmeisterschaft 2010, Vizeeuropameister 2012 und schließlich Weltmeister 2014. Kein anderer Bundestrainer erzielte ein besseres Verhältnis der Zahl der Spiele zur Zahl der Siege: 156 Spiele hatten Jogi und seine Jungs im November 2017 hinter sich und dabei 106-mal gewonnen. 2016 wurde Jogi Löw zur »Legende des Sports« ernannt: kein Wunder nach legendären Siegen wie dem 7 : 1 gegen Brasilien im Halbfinale der WM 2014. Legendär war bekanntermaßen auch das ruhmlose Abschneiden von »Jogis Jungs« bei der Fußballweltmeisterschaft 2018 in Russland. Erstmals überhaupt schied eine deutsche Mannschaft nach der Vorrunde aus. Wie es nun mit der angekratzten Legende weitergeht, stand bei Drucklegung des Buches noch in den Sternen.

Der Titan aus Karlsruhe – Torwartlegende Oliver Kahn

Die deutschen Fußballnationalmannschaften hatten im Lauf ihrer Geschichte schon immer Torhüter der Extraklasse. Aber nur zwei sind regelrechte Legenden geworden. Neben Sepp Maier ist das natürlich »der Titan« aus Karlsruhe. Schon als Schüler durfte er nie ins Tor, schon damals galt Oliver Kahn als unbezwingbar. Nur Sepp Maier war als Torwart ein klein wenig erfolgreicher und auch lustiger, und zwar sowohl in der Bundesliga als auch in der Länderauswahl. Maier kam 95 Mal zum Einsatz, Kahn 86 Mal, Maier kassierte 77 Gegentore, Kahn 95.

Begonnen hat Kahns Karriere beim Karlsruher Sport-Club, wo er in der Saison 1987/88 auf der Ersatzbank saß. Der 1969 geborene

Karlsruher stand beim »Wunder vom Wildpark« zwischen den Pfosten, als der KSC den FC Valencia am 2. November 1993 mit 7 : 0 schlug. Das makellose Ergebnis war mit sein Verdienst.

Im Jahr darauf wechselte er zu Bayern München und mutierte zum »Titan«. Mit den Bayern wurde Kahn achtmal deutscher Meister, holte jeweils sechs Liga- und DFB-Pokale, einen Champions-League-Titel und einen Weltpokal. Schwindelig wird es einem auch bei anderen Rekorden: Mit 49 302 Spielminuten ist er der Rekordhalter unter den Bundesligatorwarten, in der Saison 2001/2002 blieb er 19 Spiele ohne Gegentor, insgesamt absolvierte er 557 Bundesligaspiele, bevor er am letzten Spieltag 2008 in den Torhüter-Ruhestand ging. Als Nationaltorwart begann seine Karriere 1994 bei der WM in den USA auf der Ersatzbank. Acht Jahre später war er Kapitän und legendär – 2002 wurde Deutschland mit Kahn im Tor Vizeweltmeister. Er erhielt als erster und einziger Torwart den Goldenen Ball für den besten Spieler einer WM. Kahn führte die deutsche Nationalmannschaft bis zu seinem Ausscheiden nach der WM 2006 48-mal als Kapitän auf den Platz, häufiger als jeder andere Torwart.

Allein dreimal wurde Oli Kahn zum Welttorhüter des Jahres gewählt, viermal zum UEFA-Torhüter des Jahres und fünfmal zum besten Bundesliga-Torhüter. Nur eines wurde Oliver Kahn nicht: Fußballweltmeister. Oliver Kahn war trotz seines ausgeprägten Ehrgeizes und seiner zum Teil kuriosen Aktionen beim Publikum sehr beliebt, auch wenn man gelegentlich Bananen nach ihm warf, weil er angeblich Ähnlichkeiten mit einem Gorilla hat. Ein Spiel konnte wegen Bananenwürfen erst verspätet angepfiffen werden – zuerst musste der Platz „geräumt" werden. Kurios war Kahns Auftritt am 24. Spieltag der Saison 2000/2001 im Spiel Rostock gegen Bayern. Gegen Spielende rannte er in den gegnerischen Strafraum und donnerte einen Eckball der Bayern mit der Hand ins Tor, wofür er die Gelb-Rote Karte erhielt. Zitat Kahn nach dem Spiel:»Ich dachte, der Torwart darf im Strafraum den Ball mit der Hand spielen.«

Drei Orte für eine badische Prinzessin

Zwar war der badische Großherzog im Besitz einer Krone, aber so richtig prunkvoll mochten es die liberalen Landsleute nie. Die badische Prinzessin Friederike Dorothea Wilhelmine von Baden brachte es dafür zu seltenen Ehren, denn der Gemahl der 1781 geborenen Adligen liebte seine Frau sehr und war außerdem König von Schweden. Unter Gustav IV. Adolf war sie von 1797 bis 1809 Königin von Schweden. Noch zu Lebzeiten benannte der Gatte drei Orte in Schwedisch-Lappland nach ihr: Dorotea, Fredrika und Vilhelmina. Die samische Urbevölkerung hatte wohl anfangs so ihre Schwierigkeiten, diese Namen auszusprechen.

Ein Aschenbrödel aus dem Ländle – von der Hostess zur Königin von Schweden

Noch beeindruckender ist die Karriere der bürgerlichen Silvia Renate Sommerlath, geboren 1943 in Heidelberg. Ursprünglich war sie »nur« Tochter eines angesehenen Geschäftsmannes, die wohlerzogen und an einer Privatschule ausgebildet im argentinischen Konsulat in München arbeitete und 1972 als Hostess der Olympischen Sommerspiele in München. Dort lernte sie ihren zukünftigen Mann kennen. Der Rest der Geschichte ist allseits bekannt. Der designierte Gatte war nämlich Kronprinz Carl Gustav von Schweden. Obwohl märchenhaft verliebt, ließ er seine bürgerliche Angebetete erst einmal warten. Bis er nämlich König Carl Gustav XIV. von Schweden war.

Dann erst durfte er die Dame aus dem Volke heiraten, ohne seinen Adelsstand aufgeben zu müssen. Könige können auch heute noch tun und lassen, was sie wollen. Die schöne Silvia versieht seitdem Repräsentationsaufgaben, gebar dem König drei Kinder, darunter den nächsten Kronprinzen Carl Philip (1979), und dient dem Wohl der Menschen, indem sie sich etwa für benachteiligte und missbrauchte Kinder einsetzt, aber auch für Demenzkranke – insgesamt ist sie Schirmherrin von 62 Organisationen. Als Adelige wird man mit Orden verziert, die kuriose Namen tragen, etwa Nassauischer Hausorden vom Goldenen Löwen, Orden des Befreiers San Martin oder Verdienstorden des Landes Baden-Württemberg. Die königliche Hochzeit fand am 12. Juni 1976 in Stockholm statt. Zu Ehren der künftigen Regentin führte die Popband ABBA am Abend zuvor ihren Song »Dancing Queen« erstmals auf – in barocken Kostümen. Er wurde zu einem der erfolgreichsten Songs der 1970er-Jahre überhaupt.

Badische Märchenprinzessin: Königin Silvia.

Bumm-Bumm-Bobbele – der größte Leimener aller Zeiten: Boris Becker

Was wurde nicht alles geschrieben und gesendet, als der »größte Leimener aller Zeiten« am 22. November 2017 einen sehr runden Geburtstag feierte: »Ein 17-Jähriger wird 50«, titelte die Deutsche Presseagentur. Es ging natürlich um Boris Becker, einen gebürtigen Kurpfälzer, der Sportgeschichte schrieb und dessen Frauengeschichten sowie angebliche Geldsorgen die Revolverblättchen füllten. »Bumm-Bumm«-Boris gewann zwischen 1985 und 1999 49 Turniere, darunter dreimal Wimbledon (1985, 1986 und 1989), zweimal die Aus-

»Und es hat Bumm gemacht« – Boris Becker.

tralian Open (1991, 1996) und einmal die US-Open (1989). Siebenmal stand er der mit 17 Jahren und 227 Tagen *jüngste Wimbledonsieger* im Endspiel auf dem »Heiligen Rasen«. Auch die weiteren Rekorde von »Bobbele« (»Ich bin nicht euer Boris!«) sind beeindruckend. So gewann er 1986 binnen *zwei Wochen drei Turniere auf drei Kontinenten,* trainierte viele Jahre den Serben Novak Djokovic, machte ihn fit für sechs Grand-Slam-Titel und zur Nummer eins der Welt. *Kein Deutscher stand länger an der Spitze der Weltrangliste –* Becker schaffte 1991 zwölf Wochen. Ob der körperlich angeschlagene ehemalige Ausnahmesportler heute auch finanziell auf Krücken geht, ist fraglich: Allein 25 Millionen Dollar kassierte er an Preisgeldern, von Werbeverträgen und Vermarktungsrechten ganz zu schweigen. Wie populär Boris Becker war, zeigte der Tennisboom in Deutschland. Ab 1985 stieg die Zahl der Mitglieder im Deutschen Tennisbund von etwa 3,5 Millionen bis 1995 auf fast 4,6 Millionen an. Wie populär er heute trotz oder gerade wegen all der Skandälchen ist, zeigten die Einschaltquoten der Dokumentarsendungen zu seinem Runden.

Die erfolgreichste Tennisspielerin aller Zeiten – Steffi Graf

Noch viel erfolgreicher, aber immer spröder als »Bobbele« war Steffi Graf aus Brühl, ebenfalls aus der Kurpfalz. Knapp 22 Millionen betrugen ihre Preisgelder, dafür machte sie kaum Schlagzeilen in den Boulevardgazetten – ihre Karriere verlief ruhig und stetig, aus ihrer Ehe mit dem Tennisprofi Andre Agassi sind nur Höhen und keine Tiefen bekannt. Sieht man von einem Steuerskandal ab, der ihren Vater 1995 wegen Steuerhinterziehung ins Gefängnis und die Familie angeblich fast um ihr ganzes Vermögen brachte. *Die sportliche Bilanz ist einzigartig:* 107 gewonnene Titel, 22 Siege bei Grand-Slam-Tournieren, jeweils eine olympische Gold-, Silber- und Bronzemedaille. Geboren wurde sie als Stefanie Maria Graf 1969 in Mannheim. In der einen Hand hielt sie die Schultüte, in der anderen ihren ersten Turnierpokal, 1987 schließlich war sie die Nummer eins der Tennisweltrangliste. Sage und schreibe 377 Wochen ließ sie alle anderen Spielerinnen hinter sich, die *ewige Rangliste führt sie* vor Martina Navratilova an, die »nur« 332 Wochen auf Platz eins stand. Graf ist also die bis heute *erfolgreichste Tennisspielerin aller Zeiten.* 1999 trat sie als aktive Sportlerin zurück. Die »Weltsportlerin des Jahres« und fünffache »Deutsche Sportlerin des Jahres« errang außerdem *den schnellsten Sieg überhaupt* im Finale eines Grand-Slam-Turniers (6 : 0, 6 : 0 in 34 Minuten gegen Natallja Swerawa bei den French Open 1988). Ihre Siegquote betrug sagenhafte 88,7 Prozent. Steffi Graf war *die einzige Tennisspielerin, die alle vier Grand-Slam-Turniere mindestens viermal gewonnen* hat. Die Tennis-Ikone wurde mehrfach in mehr oder weniger ruhmreichen Songs gefeiert. 1992 nahm die Comedy-Band »Die angefahrenen Schulkinder« das Lied »I wanna make love to Steffi Graf« auf. Die Besungene verstand keinen Spaß und reichte eine Unterlassungsklage ein mit dem Ergebnis, dass alle Tonträger beschlagnahmt werden mussten und der Song in Deutschland nicht mehr verbreitet werden durfte. Hinzu kamen 60 000 Euro Schadenersatzleistungen, welche die Gruppe zahlen musste, damals *die höchste je in der Bundesrepublik verhängte Geldstrafe* im Zusammenhang mit einer Persönlichkeitsrechtsverletzung.

Unauffällig, aber ein Weltstar – der Komponist Wolfgang Rihm

Er gehört zu den Stillen im Lande, und dennoch ist er einer der deutschen Jahrhundertkünstler. Die Rede ist von dem Komponisten Wolfgang Rihm, geboren 1952 in Karlsruhe. Bereits im Alter von elf Jahren schrieb er kleine Stücke, nach dem Abitur studierte er an der renommierten Karlsruher Musikhochschule Komposition. Den Durchbruch schaffte Rihm 1974 mit einer Aufführung eines Stückes bei den Donaueschinger Musiktagen, 1985 wurde er zum Professor

an der heimatlichen Hochschule. Sein Werk gilt als äußerst vielseitig, er ist geprägt von der europäischen Tradition klassischer und moderner E-Musik. Auch von moderner Lyrik, etwa der von Paul Celan, oder von bildender Kunst ließ er sich beeinflussen, etwa von damals jungen Künstlern der Karlsruher Kunstakademie, zu denen auch Markus Lüpertz gehörte. Deren Techniken übernahm er für seine neuartigen Kompositionen. So verwendet er Klänge als Zeichen (»Chiffren«) oder spricht von »Übermalungen«.

Ein unbekannter Weltstar: Wolfgang Rihm.

Neben Stücken für kleine Besetzungen und großen Sinfonien hat Wolfgang Rihm Bühnenwerke geschaffen, etwa die »Hamletmaschine«, ein Musiktheaterstück in fünf Teilen, oder die Opernphantasie »Dionysos« nach Texten von Friedrich Nietzsche. Sein Werk umfasst über 500 Stücke. Die Uraufführung seines Werkes »Triptychon und Spruch in memoriam Hans Henny Jahnn« hörte und sah am 11. Januar 2017 europaweit ein Millionenpublikum: Es war eine Auftragsarbeit für die Auftaktveranstaltung zur Eröffnung der Hamburger Elbphilharmonie, übertragen im Radio, Fernsehen und in Online-Medien. Entsprechend lang ist die Liste der Ehrungen von Wolfang Rihm, die vom Beethoven-Musikpreis der Stadt Bonn (1981) bis zum Preis der Europäischen Kirchenmusik (2017) reicht.

Albert Einstein – das Genie aus Ulm

»Nicht alles, was zählt, kann gezählt werden, und nicht alles, was gezählt werden kann, zählt.« Dies ist einer der großen Sätze, die ein großes Genie hinterlassen hat. Albert Einstein war ein Landeskind, ein Württemberger, um genau zu sein. Geboren wurde er 1879 in Ulm, als noch keiner etwas von Baden-Württemberg ahnen konnte. Sein Hauptwerk, die Relativitätstheorie, hat ihn weltberühmt

gemacht. Mit Hitlers Machter-
greifung gab Einstein 1933 den
deutschen Pass ab und wurde 1934
vom Deutschen Reich ausgebür-
gert. Zusätzlich zu seinem seit 1901
geltenden Schweizer Bürgerrecht
erwarb er 1940 die amerikanische
Staatsbürgerschaft.
Die Physik hat der Nobelpreis-
träger 1915 revolutioniert. Seine
bahnbrechende Formel lautet:
$E=m$ mal c^2. Die Relativitätstheorie
ist relativ schwierig zu verstehen.
Selbst große Physiker der damaligen Zeit konnten dem Kollegen
nicht folgen und hielten dessen Forschung für Unsinn.
Eine der Erkenntnisse von Einstein ist, dass die Zeit nicht
immer gleich schnell vergeht. So kann etwa eine Sekunde
mal länger dauern und mal kürzer. Eine weitere Idee von

**Die Relativitäts-
theorie machte
Albert Einstein
weltberühmt.**

ihm war, dass auch Längen nicht immer gleich lang sind. Ein Meter
ist demnach mal länger und mal kürzer. Die Zeit und die Längen sind
also »relativ«, daher auch der Name der Theorie.

Auf diese »spezielle Relativitätstheorie« baute Einstein auf und
entwickelte die »allgemeine Relativitätstheorie«. Diese bringt die
Schwerkraft ins Spiel und die sogenannte »Krümmung von Raum
und Zeit«.

Einsteins Eltern entstammten alteingesessenen jüdischen Familien in Bad Cannstatt, das damals noch nicht zu Stuttgart gehörte.
1869 zogen die Einsteins nach Ulm. 1880 siedelte die Familie mit dem
kleinen Albert nach München um, wo der Vater des späteren Phy-
sikers mit seinem Bruder einen kleinen Betrieb zur Gas- und Was-
serinstallation eröffnete. Auf dem israelitischen Steigfriedhof in Bad
Cannstatt ist Jette Koch, die Großmutter des späteren Nobelpreisträ-
gers Einstein, beerdigt.

Nicht nur in den Gesetzen der Physik kannte sich der gebürtige
Ulmer aus. »Zwei Dinge sind unendlich«, hat er einmal gesagt, »das
Universum und die menschliche Dummheit.« Bei dem Universum sei
er sich aber »noch nicht ganz sicher«.

Friedrich Schiller –
der James Dean des 18. Jahrhunderts

Wahnsinn! Wie ausgeliefert ein Mensch ist, wenn er zur Beute seiner Besessenheit und Begabung wird, hat ein Rotschopf vor weit über 200 Jahren so wortgewaltig durchlitten, dass er heute unser ganzer Stolz ist. Friedrich Schiller Superstar. Als »James Dean des 18. Jahrhunderts« rühmte Kinostar Matthias Schweighöfer den so chaotischen wie sensiblen Dichter, der 1759 in Marbach am Neckar geboren wurde und 1805 in Weimar starb. Der Schauspieler hat den Dichterfürsten, dessen Theaterstücke heute zum Standardrepertoire deutschsprachiger Theater gehören, in einem Film verkörpert. Er sagte über ihn: »Schiller hat zwischen äußerster Leistungsfähigkeit und Zusammenbruch alle Extreme erlebt. Er war Rock 'n' Roll, weil er nicht nach Konventionen lebte. Goethe war Pop, der Konservative, wohl situiert. Schiller musste für alles kämpfen. Goethe war das volle Glas Wasser, das gut schmeckt. Schiller war das halbe Glas Whisky, das auch gut schmeckt, aber nachwirkt.«

Dichterfürst Friedrich Schiller wurde 1759 in Marbach geboren.

Friedrich Schiller wurde in Stuttgart zum Dichter. Auf der Hohen Carlsschule studierte er Medizin, litt unter dem militärischen Drill und schrieb als Regimentsmedicus heimlich sein erstes Theaterstück: »Die Räuber«. Im Bopserwald trug er seinen Freunden aus dem Drama vor. Als Herzog Carl Eugen ihm das Schreiben verbot, flüchtete er nach Mannheim, um nur noch ein einziges Mal in seinem Leben nach Stuttgart zurückzukehren.

Gleich mit seinem Theaterdebüt, dem 1782 uraufgeführten Schauspiel »Die Räuber«, gelang Schiller ein Beitrag zur Weltliteratur. Das Schillerdenkmal von 1839 in Stuttgart war das erste große Dichterdenkmal, damit auch das erste große Schillerdenkmal in Deutschland.

Nach dem Tod des Genies in Weimar waren seine Freunde und Verehrer in der alten Heimat auf die Idee gekommen, dem Helden ein Denkmal zu setzen, das auf ganz Deutschland ausstrahlen sollte. Aus der feierlichen Enthüllung wurde eine politische Demonstration des schwäbischen Bürgertums, der Kultur und des Liberalismus.

Hermann Hesse –
die Steppenwölfe gehen noch heute um

Der 1877 im württembergischen Calw geborene Hermann Hesse prägte die Literatur und Kunst des frühen 20. Jahrhunderts und ist heute noch der weltweit meistgelesene deutsche Schriftsteller seiner Zeit. Hesse wurde zum Dichter der Anti-Kriegs-Bewegung, der Studentenrevolten und Erziehungsreformen, von den einen als harmloser Spätromantiker belächelt und von anderen aus Bibliotheken verstoßen, um die Jugend vor »Drogenmissbrauch und sexueller Perversion im Steppenwolf« zu schützen. Zu seinen Verehrern zählt der Sänger Udo Lindenberg: »Hesse war für mich Orientierung«, sagte er, »dieses genaue sich Kennenlernen, auch in Extremsituationen sich austesten, das hat mir auf meinem Wege zu meiner Selbstfindung sehr geholfen.« Der Panik-Präsident hat die Hermann-Hesse-Udo-Lindenberg-Stiftung ins Leben gerufen, die im Geburtsort des Dichters in Calw sowie in Montagnola in der Schweiz aktiv ist. In dem Tessiner Flecken oberhalb des Luganer Sees lebte der Dichter bis zu seinem Tod. Mit seiner Stiftung will Lindenberg »den Steppenwölfen unter den Musikerinnen und Musikern eine neue Plattform bieten und die Dichtung des Meisters mit Musik verbinden«. Eine wichtiger Rat von Hesse: »Sei du selbst.«

Hermann Hesse ist 1877 in Calw geboren.

Friedrich Hölderlin – immer am Neckar entlang

» **A**n deinen Ufern wachte mein Herz mir auf, zum Leben, deine Wellen umspülten mich.«

Mit den Ufern des Neckars hat sich Friedrich Hölderlin, den viele als den größten Dichter deutscher Sprache verehren, oft beschäftigt. In den Neckarstädten Lauffen, Tübingen und Nürtingen verbrachte der 1770 geborene und 1843 gestorbene Sohn eines Klosterhofmeisters die meiste Zeit seines Lebens. Viele seiner Texte lesen sich, als gehe es mit jedem Wort um Leben und Tod. »Hälfte des Lebens« ist eines seiner bekanntesten Gedichte. Auszug: »Mit gelben Birnen hänget/ Und voll mit wilden Rosen/ Das Land in den See, Ihr holden Schwäne, Und trunken von Küssen/ Tunkt ihr das Haupt/ Ins heilignüchterne Wasser.«

In seiner zweiten Lebenshälfte wird Friedrich Hölderlin wegen einer schweren psychischen Erkrankung als unheilbar eingestuft. So aufopferungsvoll pflegt ihn der Tischlermeister Ernst Zimmer aus Ehrfurcht für Person und Werk, dass der Lyriker und Dramatiker in einer Turmstube oberhalb des Neckars selbst noch im Zustand der Zerrüttung Vierzeiler von Weltrang schreibt. Der späte Erfolg seiner Dichtung hat ihn nicht mehr erreicht.

Feldwege und Holzwege – der Philosoph Martin Heidegger

Martin Heidegger gilt als der bedeutendste Philosoph des 20. Jahrhunderts. Sein Hauptwerk »Sein und Zeit« schrieb Geschichte. Geboren 1889 in Meßkirch, wurde er 1933 Philosophieprofessor in Freiburg. Zu Zeiten des Nationalsozialismus spielte er dort eine unrühmliche Rolle und bekannte sich eindeutig zu Adolf Hitler und dessen Ideologie. Nach dem Krieg wurde zwar seine fachliche Leistung anerkannt, er durfte aber nur noch eingeschränkt an der Freiburger Universität lehren. Wie modern Heidegger heute noch ist, zeigen seine Warnungen vor der uneingeschränkten Ausbeutung, der schonungslosen »Vernutzung« der Erde. Sein wichtigstes Werk »Sein und Zeit« erschien 1926. Er begründete damit eine ganze philosophische Richtung, die Fundamentalontologie, die sich mit den grundlegen-

den Strukturen menschlichen Existierens beschäftigt, mit Dasein und Zeitlichkeit. Begriffe wie »Geworfenheit« und Formulierungen wie »Sein zum Tode« oder »Das Nichts nichtet« sind auch außerhalb der komplexen Gedankenwelt der modernen Philosophie angekommen. Von Heidegger beeinflusst wurden Denker wie Jean-Paul Sartre und Hannah Arendt. Der französische Strukturalismus oder Konzepte wie »Dekonstruktion« und »Postmoderne« erhielten durch ihn Anregungen.

Während seiner Freiburger Zeit entdeckte der Landmensch Heidegger die Natur des Südschwarzwalds, er schätzte die Gegend zwischen Belchen und Feldberg. Von den letzten Ersparnissen kaufte seine Frau Elfride in Todtnauberg ein Grundstück und ließ dort eine Hütte bauen, die sie 1922 bezogen. Hier entstanden zahlreiche seiner Werke: »Meine ganze Arbeit (…) ist von der Welt dieser Berge und Bauern getragen und geführt. (…) Sobald ich wieder hinaufkomme, drängt sich schon in den ersten Stunden des Hüttendaseins die ganze Welt der früheren Fragen heran, und zwar in der Prägung, in der ich sie verließ. Ich werde einfach in die Eigenschwingung der Arbeit versetzt und bin ihres verborgenen Gesetzes im Grunde nicht mächtig.« Das Gehen auf den Wegen des Hochschwarzwalds hat ihn inspiriert zu Werken wie »Der Feldweg«, »Der Holzweg« oder »Wegmarken«. Das Denken wird bei Heidegger zum Weg, zu Bewegung. Martin Heidegger starb 1976 in Freiburg. Rund um Todtnauberg ist heute ein

Martin-Heidegger-Rundweg angelegt, eine leichte sechs Kilometer lange Wanderung mit Infotafeln und Erläuterungen zu Heidegger und seinem Werk. Sie führt auch an der Hütte vorbei, in der Heidegger unter anderem Hannah Arendt oder Paul Celan empfing.

Teddybären – die Suche nach der verlorenen Kindheit

W enn das Lieblingskuscheltier fehlt, können Kinder ungenießbar werden. Seit über 100 Jahren sind die Gefährten der Kindheit mit Vorliebe Bären. Die mögen aus Plüsch sein, doch es scheint, als hätten sie ein Herz. Die knuddeligen Spielkameraden geben den Kleinen Sicherheit, spenden Trost und sind immer für sie da. Die Schmusetiere sind keine toten Gegenstände, die man ins Regal setzt. Sie haben ein Gesicht, sie haben Augen und schauen einen an.

Der Teddybär ist seit 1902 ein Baden-Württemberger.

Der Teddy ist ein Baden-Württemberger. Im Jahr 1902 kam er in Giengen an der Brenz, am Ostrand der Schwäbischen Alb, zur Welt. Sein »Vater« war der 1877 geborene Richard Steiff. Der Neffe der deutschen Spielzeugherstellerin Margarete Steiff war der Erfinder des ersten Plüschbären mit beweglichen Armen und Beinen, der Schöpfer des legendären Modells 55 PB. Als Vorbild sollen ihm Braunbären im damaligen Stuttgarter Nill'schen Tiergarten gedient haben. So lautet die eine Version. Nach der anderen Version hat Steiff seine Erfindung nach einer Ansichtskarte des Berliner Zoos geschaffen.

Wie der Typenbezeichnung 55 PB zu entnehmen ist, maß der Ur-Teddie, der zunächst noch namenlos war, 55 Zentimeter, war also so groß wie ein Säugling. Das »P« stand für Plüsch und das »B« für beweglich. Durch Bindfadenaufhängungen ließen sich die Gliedmaßen bewegen. Steiff stellte seinen Plüschbär 1903 auf der Leipziger Spielwarenmesse vor. Ein Amerikaner bestellte gleich 3000 Stück zum Preis von acht Mark pro Exemplar.

Noch fehlte der passende Name. Als Richard Steiff von der Bärenjagd des amerikanischen Präsidenten Theodore Roosevelt hörte, kam ihm die zündende Idee. »Teddy« lautete der Spitznamen von Roosevelt – und seitdem sind Teddys millionenfach im Einsatz, Kindern eine schöne Kindheit zu schenken.

Nicht nur Kindern tut der Bär gut. Längst gibt es ihn in vielen Varianten, als »Bärilyn Monroe« ebenso wie in Trachtenjacke und mit Gamsbart am Hut. Die Schriftstellerin Virginia Woolf reiste immer mit einen Teddy. Als James Dean sich in einem Porsche zu Tode fuhr, saß ein Teddybär mit im Auto. Bei der Suche nach der verlorenen Kindheit wird der Kuschelkerl dringend gebraucht.

Steiff – die Schmusefreunde mit dem Knopf im Ohr

Giengen an der Brenz ist nicht nur der Geburtsort des Teddybären. Die Spielwarenpionierin Margarete Steiff, die im Rollstuhl sitzende Tochter eines Bauhandwerkers, hatte hier 1877 ein Nähgeschäft eröffnet. Lange Zeit schien es, als seien wegen der Behinderung alle Türen verschlossen. Im Alter von anderthalb Jahren war sie an Kinderlähmung erkrankt, konnte die Beine nicht mehr bewegen und die rechte Hand nur sehr eingeschränkt einsetzen. Doch mit Ideenreichtum, Zähigkeit, Lebenslust und mit der Hilfe ihres Bruders kämpfte sie sich nach oben. In einen Nähmaschinenvertreter hatte sie sich verliebt, der jedoch ihre beste Freundin heiratete.

In einem Modejournal entdeckte Margarette Steiff dann Schnittmuster für Spielzeugelefanten aus Stoff. Das Rüsseltier stellte sie als erstes her.

Weitere Arten von Kuscheltieren kamen hinzu. Richard Steiff, der Neffe der Chefin, erfand den Teddybär. Das Geschäft florierte – vor allem nach einer weiteren Erfindung. Seit 1904 ist das Markenzeichen der Steiff-Tiere der metallene Knopf im Ohr, die dazugehörige Fahne und ein meist an der Brust befindliches Schild. Zu den größten Gaben

Mit einem Elefanten begann die Erfolgsgeschichte von Steiff.

der Firmengründerin gehörte es, ihre Mitmenschen zu motivieren. 1906 rief sie die *Margarete Steiff GmbH* ins Leben und gab die Geschäftsführung an ihre Neffen ab. Bis 1907 stieg die Zahl der genähten Teddybären auf 973 999 Exemplare. Außerdem stellten die 400 Mitarbeiter und 1800 Heimarbeiter insgesamt etwa 1 700 000 Spielartikel her. Am 9. Mai 1909 starb Margarete Steiff im Alter von 61 Jahren an den Folgen einer Lungenentzündung. Ihrer Firma geht es heute noch gut. Das digitale Zeitalter konnte der Steiff GmbH nichts anhaben. Mit einem iPad kann man halt nicht schmusen.

Macht und Unglück –
der letzte Reichskanzler Prinz Max von Baden

Ein glückliches Leben hatte Prinz Maximilian Alexander Friedrich Wilhelm von Baden (geboren 1867) nicht gehabt, als er 1929 in Konstanz starb, doch sein Erbe wirkt bis heute weiter. Max von Baden war der letzte Thronfolger des Großherzogtums Baden und für einen Monat auch der letzte Reichskanzler des Deutschen Reiches unter Wilhelm II. Doch der Reihe nach. Max von Baden, Sohn Wilhelms von Baden und Marias von Leuchtenberg, einer Nichte des russischen Zaren Alexander II., hatte eine für Adlige übliche Ausbildung und eine beachtliche militärische Karriere hinter sich, als er 1907 Thronfolger sowie Präsident der Ersten badischen Kammer wurde. Im Ersten Weltkrieg machte man sich über den sensiblen und musisch veranlagten »Sanitätsgeneral« lustig, weil er als Ehrenpräsident des Badischen Roten Kreuzes den Frontdienst umging. Der homosexuelle Prinz führte stets ein Doppelleben, er heiratete und wurde Vater. Am Ende des Ersten Weltkriegs verfiel man schnell darauf, den »sanften« und international angesehenen Prinzen zum Regierungschef zu machen, zumal er sich gegen den uneingeschränkten U-Boot-Krieg ausgesprochen hatte und als liberal und gemäßigt galt. Es standen Waffenstillstandsverhandlungen an, und man erhoffte sich Vorteile durch Max' Integrität. Am 3. Oktober wurde Max von Baden zum Reichskanzler ernannt. Sofort bildete er eine Regierung, in die er erstmals Sozialdemokraten berief, und richtete ein Waffenstillstandsgesuch an US-Präsident Wilson. Max beendete den U-Boot-Krieg und entließ General Ludendorff. Am 28. Oktober traten Verfassungsänderungen in Kraft, denen zufolge ab sofort der Reichstag für Krieg und Friedensschlüsse zuständig war. Für einige Tage war Prinz Max von Baden in der Folge krank und von seinen Ärzten in einen Tiefschlaf versetzt – im Hintergrund liefen politische Intrigen um den Machterhalt der Monarchie. Doch es kam anders: Am 9. November erklärte Max von Baden kurzerhand die Abdankung des Kaisers. Es ging Schlag auf Schlag: Nur Stunden später wurde die Republik ausgerufen. Max von Baden übergab die Reichskanzlerschaft an Friedrich Ebert, den Vorsitzenden der stärksten Reichstagspartei. Der Prinz zog sich ganz in sein Privatleben und an den Bodensee zurück. Zusammen mit Kurt Hahn gründete er die Schule Schloss Salem zur Heranbildung einer neuen geistigen Elite Deutschlands. Nicht ganz ohne Hintergedanken, denn durch die »markgräfliche Schulstiftung« konnte er einen großen Teil seines Vermögens dem Zugriff der Finanzbehörden entziehen.

Der letzte König von Württemberg

Ist Stuttgart die Stadt der Königstreuen? Man könnte es denken, wenn man an den heftigen Protest denkt, der sich in der Stadt erhob, als Wilhelm II., der letzte Monarch von Württemberg, mit seinen beiden Hunden verbannt wurde. Seit Jahrzehnten war er vor dem Eingang des Wilhelmspalais an der Konrad-Adenauer-Straße gestanden – also das Denkmal von ihm, das 1991 von einem Förderverein aufgestellt worden war, um ihn 70 Jahre nach seinem Tod als »Bürgerkönig« zu ehren.

Für den Umbau des früheren Wohnhauses Wilhelms II. und der späteren Stadtbücherei in ein Stadtmuseum musste das spät aufgestellte Denkmal weichen. Mitte September 2017 kehrte die lebens-

große Figur des letzten Königs von Württemberg mit seinen geliebten Hunden Ali und Rubi, zwei weißen Spitzen, zurück – allerdings versteckt im Garten an der Südseite im hinteren Bereich. Darüber sind viele Stuttgarter verärgert. Das Geschichtsbewusstsein ist in der Stadt groß, und auch die Sympathie für den leutseligen »Herrn Keenig«, der noch heute als »bescheiden und bürgernah« gerühmt wird. 1918 wollte ihn das Volk aber trotz seiner Gutmütigkeit nicht mehr. Die Monarchie war am Ende, Wilhelm II. musste abdanken, was ihm ganz und gar nicht passte.

27 Jahre zuvor hatte er den Thron bestiegen. König Karl, der Vorgänger, war sein Onkel, der mit Zarentochter Olga keinen eigenen Nachwuchs hatte. Karl war schwul, wie man heute weiß. Die meiste Zeit hatte Karl mit seinem Freund Woodcock, einem »auffallend hübschen Amerikaner«, wie überliefert ist, an der Riviera verbracht. Seine kinder- und im Grunde auch ehemannlose Frau Olga widmete sich derweil der Wohlfahrt, von der man in Stuttgart noch heute profitiert.

1907 hatte sich König Wilhelm II. die beiden weißen Spitze angeschafft, die rasch zum Mittelpunkt der Hofgesellschaft wurden. Auch bei Empfängen liefen die Lieblinge des Monarchen frei herum und kläfften die vornehmen Gäste an. Wie überliefert ist, zerkauten Ali und Rubi einmal am Ende des Abendessens die Frackschöße eines Würdenträgers und ruinierten dessen Galakleidung.

Nach dem Ende des Ersten Weltkriegs brach das Deutsche Reich zusammen – und damit auch die Monarchie. Am 9. November 1918 stürmten Revolutionäre das Wilhelmspalais und hissten die rote Fahne. Wilhelm II. und seine Frau Charlotte mussten die Stadt verlassen. Sie flohen nach Bebenhausen. Wenige Tage danach dankte der letzte König von Württemberg ab. So wütend war er auf seine alte Heimatstadt, dass er verfügte, in Ludwigsburg beerdigt zu werden. 1921 geschah dies. Der Leichenzug musste an Stuttgart vorbeiziehen.

SPÄTZLE, BREZELN, CAPRI-SONNE – SO GENIESST MAN IN BADEN-WÜRTTEMBERG

Von der Sonne verwöhnt – badischer Wein

E gal, ob man als Tourist von Norden oder von Süden nach Baden einreist: der erste Eindruck sind die Weinberge. Beginnend mit der Badischen Bergstraße im Norden ziehen sich die Rebhügel über 400 Kilometer fast die komplette Rheinebene entlang nach Süden – neun Weinbaugebiete zählt man in Baden, die meisten sind berühmt für ihre Weißweine. Ob Kraichgau, Bodensee, Kaiserstuhl, Markgräflerland, Tuniberg, Breisgau, Ortenau, Badische Bergstraße oder Tauberfranken, überall gedeihen Weine der Weinbauzone »B«. *Als einziges deutsches Weinbaugebiet spielt*

Edle Tropfen – Weinberge am Kaiserstuhl.

Baden also in der gleichen Liga wie die meisten französischen Weine, etwa die Champagne. Alle anderen deutschen Weinbaugebiete gehören der Zone »A« an, die klimatisch weniger begünstigt ist und für deren Erzeugnisse deshalb weniger hohe Ansprüche gelten. Berühmt ist Baden für seine exquisiten Rieslinge. *Internationale Preise erhalten regelmäßig Weine* wie der »Durbacher Bienengarten Klingelberger«. Die Durbacher Weingüter Heinrich Männle und Andreas Laible sind mehrfach in den Kreis der *zwanzig besten Europäischen Weingüter* gewählt worden.

Aber auch viele andere Rebsorten werden hier gekeltert – Weißburgunder, Grauburgunder, Sauvignon Blanc oder Gutedel. Letzteren bauten schon die alten Ägypter an. Von den 1146 Hektar, auf denen Gutedel in Deutschland gedeiht, entfallen 1117 auf Baden, meist im Markgräflerland. Mit dem Klimawandel verbessert sich auch die Qualität der Rotweine – das Verhältnis Weiß zu Rot beträgt 56 zu 44 Prozent. Kenner schätzen so manchen Spätburgunder, Schwarzriesling, Dornfelder oder Regent. In der Bundesrepublik rangiert die badische Weinbaufläche auf Platz drei (15 815 Hektar) nach Rheinhessen und der Pfalz, der durchschnittliche Mostertrag liegt bei 1,1 Millionen Hektoliter. Nicht nur das milde Klima und die unterschiedlichen Anbauhöhen, sondern auch die verschiedenartigen Böden tragen zur ungewöhnlichen Vielfalt der badischen Weine bei. Das reicht vom Moränenschotter am Bodensee über tertiäre Kalk-, Ton- und Mergelböden bis zu Muschelkalk und Keuper im Kraichgau. Baden zählt insgesamt 77 Winzergenossenschaften, die 80 Prozent aller Weine produzieren, sowie 300 weitere Weingüter.

Die Geschichte des Weinbaus in Baden reicht wie andernorts auch bis in die Römerzeit zurück. Beurkundet ist, dass das Weingut Burg Hornberg bei Neckarzimmern (Neckar-Odenwald-Kreis) seit 1184 besteht und *damit das zweitälteste der Welt und das älteste in Baden-Württemberg* ist. »Kenner trinken Württemberger«, mit diesem Slogan wird der Wein der östlichen Landeshälfte beworben, und selbst patriotische badische Weinkenner gestehen, dass mit dem Klimawandel die Tröpfchen der »Schwaben« besser werden. Selbst bei badisch-württembergischen Blindverkostungen schneiden die »Kenner-Weine« allmählich immer besser ab, nicht nur die Weißweine. Der Trollinger ist dabei ein Kapitel für sich. In den Steillagen rund um Lauffen am Neckar gedeihen Lemberger, die – im Fass ausgebaut –

dem Vergleich mit spanischen Weinen standhalten, die Weißweine allerdings sind meist immer noch etwas »grasiger« als die im klimatisch begünstigten badischen Landesteil.

Der Trollinger – Württembergs Blut

Ein Trollinger ist ein Trollinger. Oder ist er nur ein »weinähnliches Getränk«, wie in Sterne-Restaurants und im badischen Landesteil zuweilen gespottet wird? Der süffig-leichte Trollinger ist der Inbegriff des schwäbischen Viertele. Ein bezahlbares Alltagsgut sei er, ist zu hören, so wichtig für Schwaben »wie Muttermilch«.

Der landestypische Rotwein wird reichlich getrunken, jedoch nur selten geachtet. Typisch für die Rebsorte, mit der etwa 20 Prozent der Anbaufläche in Württemberg belegt ist, sind große Trauben. Dieser üppige Wuchs gehöre, wie die Trollinger-Hasser finden, an den Obststand und nicht in die Flasche.

Trotz der harten Urteile in Gourmetkreisen hat der Trollinger als einfacher Trink- oder Vesperwein seine Anhänger. Ehrgeizige Winzer tun alles, um aus der regionalen Spezialität mehr herauszuholen. Sie wollen dem Klassiker Charakter, Tiefe und Niveau geben, um zu zeigen, wie unterschätzt er ist. Einer dieser ambitionierten Württemberger ist Markus Drautz vom Weingut Drautz-Able. Sein Trollinger ist trocken, frisch und saftig. Er wird als kräftige Alternative zum Rosé oder als gute Basis für rote Weinschorle immer beliebter. »Der Trollinger spiegelt unsere Mentalität wider«, sagt Drautz, »wir waren früher Händler und Bauern, also schlichte Menschen, die schlichten Wein liebten.« Dies sei positiv gemeint, stellt er heraus. Gekühlt passe dieser Wein wunderbar zu Wurstsalat, Spätzle mit Linsen und Saitenwürstchen – zu jedem Vesper sowieso.

Als der Stuttgarter Winzer Hans-Peter Wöhrwag 1990 den Weinberg von seinen Eltern übernahm, wuchsen dort auf sechs Hektar die Trauben für den Trollinger, heute sind es nur noch 0,8 Hektar. Die Riesling-Fläche hingegen baute er aus, weil der Trend bundesweit zu edlerem Wein geht. »Die Leute trinken weniger, dafür aber besseren Wein«, sagt Wöhrwag, »der Trollinger gehört nun mal zu den einfachen Weinen.« Mit »einfach« meint er aber nicht »schlecht«. Sein Alkoholgehalt ist geringer, weshalb man ihn leichter konsumieren kann. Zwar ist der Trollinger noch immer die stärkste Rebsorte in Württemberg, doch sein erster Platz ist angesichts der wachsenden Riesling-Konkurrenz in Gefahr.

Der Weinhändler Bernd Kreis, 1992 als bester Sommelier Europas ausgezeichnet, ist einst als »Trollinger-Mörder« bezeichnet worden, weil er die Ansicht vertrat, der Trollinger schade dem Image des schwäbischen Weinbaus. Als Rebsorte sei er zwar sehr interessant, aber im Anbau und in der Pflege enorm anspruchsvoll. »Der Trollinger will gehegt werden und den schönsten Platz haben auf dem Weinberg«, weiß Kreis. Tatsächlich würden die Trauben nach Sonne in Steillagen verlangen. Um Mehrkosten für die aufwendige Bewirtschaftung auszugleichen, setzen viele Winzer auf Masse – sie holen so viel Ertrag wie möglich heraus auf Kosten der Qualität.

Heute sind viele Experten davon überzeugt, dass es vorzüglichen Trollinger gibt. Bei richtigem Anbau multipliziert er die Anerkennung der schwäbischen Winzer sehr wohl. Mit ihrer Kampagne »Trollinger 2.0« wollen junge Mitglieder der Württembergischen Weingärtnergenossenschaften den Trend befeuern und dem Roten einen hippen Anstrich als Szenegetränk verpassen. »Fruchtig, frisch und auch etwas frech« sei der Trollinger, sagen sie über jenen Wein, den man als »rotes Gold der Schwaben« oder »Württembergs Blut« bezeichnet hat.

Die Laugenbrezel – das knusprigste Denkmal der Schwaben

Emmanuel Macron setzt sich mit der ganzen Kraft seines Präsidentenamtes dafür ein, das Baguette in das immaterielle Weltkulturerbe der UNESCO aufzunehmen. Der italienischen Pizza ist dies bereits gelungen. Aber auch die Brezel würde sich bestens auf der Liste des knusprigen Menschheitsstolzes machen. Die vier wichtigsten Zutaten des Laugengebäcks sind: Heimatliebe, Leidenschaft, Zeit und Stolz.

In jüngster Zeit wird über die schwäbische Brezelform lamentiert. Angeblich ist sie vom Aussterben bedroht. Was mit Butter oft gedankenlos bestrichen wird, ist in Wahrheit eine Glaubensfrage. Seit im Netz das Thema hochkocht, schauen viele genauer hin, wie dünn und knusprig, also wie schwäbisch, die Ärmchen einer Brezel sind. Sind

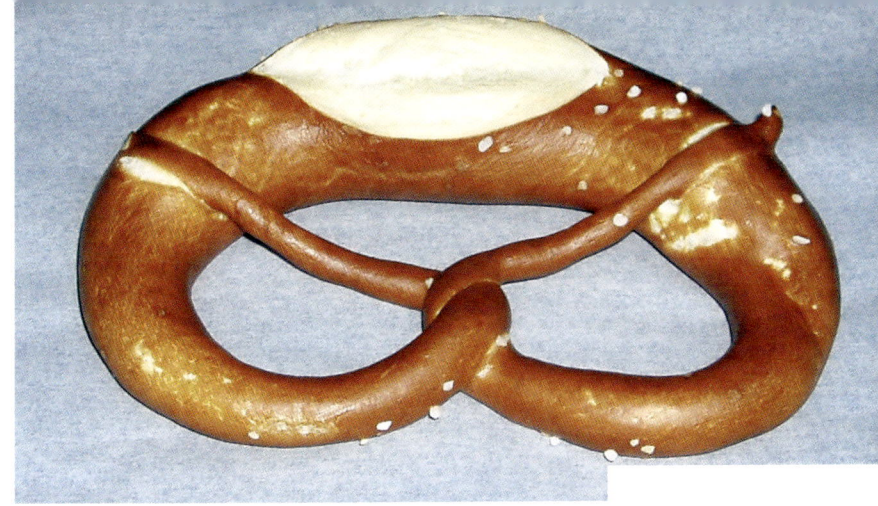

wir von Bayernbrezn unterwandert, die für dicke Arme, aber wenig Fett stehen? Oder gar von unmenschlichen Schlingmaschinen?

Die schwäbische Brezel hat dünne Ärmchen.

Je dünner die Arme sind, desto dicker wirkt der Bauch. Wer das Prinzip des Kontrastes versteht, hat den Schwabenerfolg drauf. Auf Raffinesse kommt es an, darauf, wie etwas Knuspriges klein bleibt, damit etwas anderes groß wird.

Aber Vorsicht, man kann sich leicht täuschen lassen! An dünnen Ärmchen einer Brezel können wir in dieser hochtechnisierten Welt gar nicht mehr erkennen, ob sie made by Bäckerhand entstanden ist. Roboter bekommen die schmale Schlingform längst ebenso hin. Um mit einer Großproduktion überall Geschäfte machen zu können, wird für den Brezelrohling ein Kompromiss gewählt, der den Bayern und den Baden-Württembergern gleichermaßen gefällt.

Der Fettanteil der bayerischen Brezn ist niedriger. Deren dicke Arme sind deshalb plump und weich, wie wir Schwaben finden. Die Bayern dagegen sagen: An einer gscheidn Brezn muss was dran sein.

Mit dem Salz, sagen die Experten, gehört unbedingt auch Schweineschmalz in eine Brezel aus dem Südwesten, weshalb das Original nichts für Veganer ist.

Die Brezel ist als christliche Fastenspeise entstanden. Der Legende nach hat ein Bäcker aus Bad Urach sie erfunden. Nach einem Diebstahl – einem schweren Verbrechen zu jener Zeit – soll er zum Tod verurteilt worden sein. Der Graf war bereit, unter einer Bedingung vom Vollstrecken der Strafe abzusehen:

»Back einen Kuchen, lieber Freund«, soll der Landesherr gesagt haben, »durch den die Sonne dreimal scheint, dann wirst du nicht gehenkt, dein Leben sei dir frei geschenkt.« Der Bäcker zog seinen Kopf aus der Schlinge, indem er Weizen-Hefeteig mit raffiniertem Schlingenwurf formte und in Natronlauge tauchte. Vorbild dafür war der Legende nach eine Frau, die mit verschränkten Armen im Türrahmen lehnte.

Pessimisten sehen an einer Brezel nur die Löcher. Württemberger und Badener rühmen die Fülle des Geschmacks. Brezel, wir lieben dich! Teiglinge aus der Tiefkühltruhe dürfen mal sein, aber sie machen auf Dauer nicht glücklich. Ein Kulturerbe zum Aufbacken – nein, so weit ist die UNESCO zum Glück noch nicht. So wahr die Brezel das knusprigste Denkmal aus dem Ländle ist.

Mit Spätzle und Soß werden Schwaben groß

Spätzle sind ein äußerst wirksames Heilmittel – jeder Schwabe kennt die Glücksgefühle, die man beim Verkosten spürt. »Wer gefrustet ist, sollte einen Spätzlesteig machen«, rät der urschwäbische Wirt Jörg Mink, Patron im Schloss Solitude in Stuttgart. Den Teig müsse man nämlich heftig schlagen, »bis es Bläschen gibt« – damit lasse sich im Nu aufgestauter Ärger abbauen. Bei den Teigzutaten für die Spätzle verwendet Mink 500 Gramm

Spätzleschaben ist eine urschwäbische Tradition.

Mehl und zwölf bis 15 Eier je nach Größe.

Die Spätzle-Tradition geht bis ins 18. Jahrhundert zurück. Überliefert ist, dass 1725 der württembergische Rat und Leibarzt Lentilius »alles, was aus Mehl zubereitet wird« rühmte. Spätzle ist die schwäbische Verkleinerungsform der Spatzen. Am besten sind sie, wenn sie von Hand geschabt werden. Gleichförmig müssen sie keineswegs sein. Individuelles Aussehen ist erwünscht, als wären Spätzle auch nur Menschen: Jeder ist eine Besonderheit. Weil Schwaben nicht nur Spätzle-Fans sind, sondern auch große Erfinder, haben sie Anfang des 20. Jahrhunderts damit begonnen, die maschinelle Verarbeitung von Spätzle so raffiniert zu nutzen, dass das Ergebnis wie hausgemacht aussieht.

Zu Spätzle liebt der Schwabe Rostbraten.

1936 hat der Heimatdichter Sebastian Blau (es ist das Pseudonym des Verlegers Josef Eberle) Spätzle zum Symbol regionaler Identität der Schwaben ernannt: »Spätzle sind das Fundament unserer Küche, der Ruhm unseres Landes – das A und O der schwäbischen Speisekarte.« Womit also werden Schwaben stark und groß? Mit Spätzle und Soß!

Zu Spätzle liebt der Schwabe Rostbraten. Wirt Jörg Mink hat einen todsicheren Tipp, wie man erkennt, ob das Fleisch in der Pfanne fertig ist. »Seitlich mit der Gabel draufdrücken!«, rät er. »Wenn sich's anfühlt wie ein aufgepumpter Rennradreifen, ist der Rostbraten perfekt medium.«

Maultaschen – selbstgemacht schmecken sie am besten

Nur ein einziges »Originalrezept« für Maultaschen, den Klassiker der Küche in Baden-Württemberg, gibt es nicht. Jede Familie schwört auf ihre eigene Version, und jeder Wirt kann sie noch verfeinern. Was auf jeden Fall in die Nudelteigtasche gehört, das sind Spi-

Maultaschen sind ein schwäbischer Klassiker. nat, Petersilie sowie Hackfleisch oder Brät. Bei manchen kommt auch noch geräucherte Schinkenwurst hinein.

Zwiebel, Brot, Eier und Gewürze findet man außerdem in den meisten Rezepten. Das Verhältnis von Spinat zu Fleisch macht den Unterschied – und erst recht der Teig, der möglichst dünn sein sollte. »In Maultaschen macht sich Hackfleisch vom Hals am besten«, findet Sternekoch Vincent Klink und rät: »Bei der Füllung sollte man großzügig mit Petersilie sein.« Serviert wird die Maultasche bei den Württembergern und auch bei den Badenern gern in der Brühe, mit Kartoffelsalat und geschmälzten Zwiebeln.

Wie die Maultasche zu ihrem Namen kam? Geschichten dazu gibt es viele. Eine wird besonders oft erzählt: Im Kloster Maulbronn haben Zisterziensermönche als Erste den lieben Gott an der Nase herumgeführt und in der Fastenzeit das mit Kräutern vermischte Fleisch im Teig versteckt. »Herrgottsbscheißerle« werden die Taschen deshalb bis heute genannt. Das Fleisch ist klein zerhackt worden, als könne man auf diese Weise auch die Sünden verkleinern. Der Name des schwäbischen Nationalgerichts leitet sich demnach von Maulbronn ab und hat nichts mit »Ohrfeige« zu tun, wie ebenso überliefert ist.

Als »schwäbische Ravioli« sollte kein Reigschmeckter Maultaschen bezeichnen. Sie sind viel größer als die gefüllten Teigtaschen der Italiener. Wer käme auf die Idee, in Rom zu Ravioli »italienische Maultaschen« zu sagen?

Kaum eine andere Speise aus dem Südwesten landet so oft als Convenience Food in deutschen Supermarktregalen wie die Maultasche. Die Firma *Bürger* in Ditzingen ist der Marktführer. Richard

Bürger hat das Unternehmen 1934 in Stuttgart-Feuerbach gründet, um Mayonnaise und Salate zu produzieren. Heute werden – täglich! – etwa 2,5 Millionen Maultaschen von 900 Mitarbeitern hergestellt. Würde man alle Teigtaschen einer Tagesproduktion aneinanderlegen, steht auf der Homepage des Lebensmittelgiganten, ergäbe sich genau die Strecke zwischen den beiden Bürger-Standorten Ditzingen und Crailsheim (das sind etwa 110 Kilometer).

Am besten schmecken Maultaschen freilich, wenn sie selbstgemacht sind. Weil dies so aufwendig ist, veranstalten schwäbische Familien regelmäßig ihre Maultaschentage und stellen so viel vom Leckeren her, dass der Großteil in die Gefriertruhe kommt. Maultaschenteig ist nur ein einfacher Nudelteig mit Eiern, doch die Herstellung ist so einfach auch wieder nicht. Für 60 Maultaschen braucht man 600 Gramm Weizenmehl, sechs Eier, Salz und etwas Wasser. Wer sich die Arbeit sparen will, kauft den Teig beim Bäcker. Seit dem Jahr 2009 sind die schwäbischen Maultaschen von der EU mit ihrer Herkunftsbezeichnung geschützt.

Brühwürfel, Erbswurst, Tütensuppen – Klassiker der Lebensmittelindustrie

....

Nicht immer war die Gegend des heutigen Baden-Württembergs wohlhabend. Im Gegenteil: Es war die Zeit der Industrialisierung, als Gemüsebauern und Mühlbetriebe in Schwierigkeiten gerieten und gleichzeitig die Arbeiter in den Fabriken ausgebeutet wurden und deren Kantinen minderwertiges, billiges Essen ausgaben. Mangelernährung und damit verbundene Krankheiten sowie eine hohe Kindersterblichkeit waren deshalb verbreitet. *Julius Maggi,* Sohn eines Müllers, geboren 1846 in Frauenfeld, experimentierte zunächst mit der Aufbereitung von nahrhaften Hülsenfrüchten, um den Missständen zu begegnen. 1872 gründete er eine auf seinen Namen lautende Firma, erste Mehlsorten basierend auf eiweißreichen Hülsenfrüchten kamen 1885 auf den Markt. Ein Jahr später waren es Fertigsuppen und die berühmte *Maggi-Würze.* Das Werk in Singen am Hohentwiel wurde 1887 gegründet und zum Stammwerk.

Der legendäre Brühwürfel ist seit 1908 Liebling der Köche. Julius Maggi war aber nicht nur Pionier der Lebensmittelindustrie, sondern

Die Welt würzt badisch!

führte umfangreiche Sozialleistungen ein: Wohnungen für seine Arbeiter, eine Krankenkasse, Alters- und Witwenrente, außerdem den arbeitsfreien Samstag (1906). Nach einem Streik im Singener Werk sorgte er 1907 für die Gründung eines »Arbeiterausschusses«, einer frühen Form des Betriebsrates, 1912 kam es zum *Abschluss des ersten Tarifvertrags in der deutschen Ernährungsindustrie* überhaupt. Im gleichen Jahr starb der Firmengründer. In der Nazizeit galt Maggi als »nationalsozialistischer Musterbetrieb«, Rudolf Weiß, ein Adolf Hitler nahestehender Nazi, übernahm die Leitung. 1947 wurde Maggi mit Nestlé fusioniert – Maggi sollte »degermanisiert« werden. Bis heute ist die Marke aber eigenständig geblieben und eine *der* deutschen Marken überhaupt. Slogans wie »Etwas Warmes braucht der Mensch« und »Immer eine gute Suppe« haben sich ins kollektive Gedächtnis eingeprägt. Kuriosum am Rande: Bereits 1886 führte Maggi ein eigenes Presse- und Werbebüro ein. Julius Maggi stellte dafür einen 22-Jährigen ein, der später als Schriftsteller Weltruhm erlangte, nämlich Frank Wedekind. Er blieb ein Jahr und verfasste in dieser Zeit 150 Werbetexte. Wie erfolgreich Maggi-Produkte weltweit sind, mag eine Zahl veranschaulichen: Allein in Zentral- und Westafrika werden pro Jahr 36 Milliarden Maggi-Bouillonwürfel verkauft. Singen ist schon lange nicht mehr einziger Produktionsstandort, das moderne Fabrikgebäude sowie das historische Stammwerk prägen jedoch das Stadtbild.

Anders und doch ganz ähnlich ging es der Firma, die *Carl Heinrich Theodor Knorr* (1800–1875) in Heilbronn gründete. Im Alter von 38 Jahren schuf er das Fundament einer Zichorienfabrik, um Kaffee-Ersatz für arme Leute herzustellen.

Lange ging das nicht gut, obwohl sie mit 53 Arbeitern zur größten Fabrik der Stadt avancierte. Nach einigem Hin- und Her war

1858 erst einmal Schluss. Knorr sattelte um und gründete die Firma *C. H. Knorr Engros-Geschäft in Reis, Gerste, Sago und Landesprodukten.* Über deren »Frühgeschichte« ist relativ wenig bekannt, 1875 firmierte Knorr schließlich unter *C. H. Knorr – Mühlenfabrikate, Landesprodukte, Fabrik von Suppenstoffen.* Er exportierte Dörrobst nach Ungarn und begann – ähnlich wie Maggi – mit der Produktion von Mehlen aus Grünkern, Linsen, Bohnen, Erbsen und Tapioka, ab 1873 produzierte die Firma Suppen. Die Söhne Knorrs, Carl Heinrich Eduard und Alfred, experimentierten in Versuchsgärten, um die Suppenzutaten zu verbessern, und gründeten 1885 Filialen in Österreich und der Schweiz. Knorr-Suppen gab es ab 1886 in Tafelform und ab 1889 in »Wurstform« – die berühmte »Erbswurst«. Knorr-Suppenwürfel waren ab 1910 auf dem Markt, ein Jahr später Fleischbrühwürfel. Zwei Kuriositäten aus der Anfangszeit: Die Teilnehmer der Nordpol-Expedition von Fridtjof Nansen 1893 ernährten sich von Knorr-Produkten, 1897 präsentierte man auf einer Gewerbeausstellung in Heilbronn einen Brühwürfel von einem Kubikmeter, der – fein säuberlich zerteilt – 70 000 Teller Suppe ergab. Anfang des 20. Jahrhunderts wurden die Besitzverhältnisse komplizierter, die Firma agierte international. Bereits 1901 wurde in Paris eine Vertriebsfiliale eröffnet. Zu Beginn des Ersten Weltkriegs waren die Anteilseigner und Aufsichtsratsmitglieder allesamt Millionäre. Während des Krieges boomte die Firma: Sie lieferte an das Heer pro Tag fast eine Viertelmillion Feldrationen »Hindenburg-« oder »Ludendorf-Suppen«. Damit war nach dem Krieg Schluss, erst nach der Inflation ging es wieder aufwärts. Von den Preisregulierungen der Nazis profitierte Knorr, vor dem Zweiten Weltkrieg

Vater der Suppenwürfel: Firmengründer Knorr.

stieg die Belegschaft auf 3000 Beschäftigte an – eine Verzehnfachung gegenüber 1919. Während des Zweiten Weltkriegs wurden die Zutaten knapp, Teile des Personals an die Front eingezogen und die Fabrik zerstört. Die Heilbronner berappelten sich schnell. Bereits im September 1945 arbeiteten wieder 650 Menschen bei Knorr, und die Besitzverhältnisse wurden noch komplizierter. Das letzte Familienmitglied war bis 1976 als Prokurist tätig, der Urenkel des Gründers, Carl Heinrich Clemens Knorr. Selbst in Japan sind heute – genauer seit 1964 – Knorr-Suppen beliebt, aufwändige Werbefilme (unter anderem mit Franz Beckenbauer) machten Knorr zu einer nahezu ikonischen Marke, die allerdings von Konzern zu Konzern weiterverkauft wurde. 1969 errichtete der Mutterkonzern *Maizena* in Heilbronn die erste vollautomatische Suppenfabrik, 1998 wurde *Maizena* in *Bestfoods* umbenannt und im Jahr 2000 von *Unilever* übernommen. *10 000 Jahre Suppe – 150 Jahre Knorr* hieß im Jahr 1988 eine Ausstellung in Heilbronn. Keine 200 Jahre währte die Erfolgsgeschichte in der nordwürttembergischen Stadt: 2016 schloss Unilever das Entwicklungszentrum, seitdem kämpfen die verbliebenen Mitarbeiter um den Standort. Anfang 2018 waren noch etwa 930 Arbeitsplätze vorhanden, 200 weitere sollen nach Hamburg verlagert werden.

Eiskaltes Urlaubsgefühl – die Erfindung des Spaghetti-Eises

Die deutsche Toskana wird wahlweise im badischen Markgräflerland oder im Kraichgau verortet, und so verwundert es nicht, dass das so beliebte Spaghetti-Eis im Badischen erfunden wurde. Familie Fontanella – mit italienischen Wurzeln – zog 1933 von Hannover nach Mannheim wegen des milden Klimas und der Weinberge des Kraichgaus. Die Landschaft erinnerte sie sehr an ihre Heimat. Es brauchte aber noch einige Jahrzehnte, bis Dario Fontanella 1969 die Idee zum Spaghetti-Eis hatte, heute ein Klassiker. Über eine Schicht geeister Sahne wird zunächst Vanilleeis durch eine Presse gedrückt. Anfangs diente dazu ein Fleischwolf, eine Nudel- oder Kartoffelpresse, heute gibt Spaghetti-Eis-Pressen. Über die Vanillespaghetti gibt der Eisdealer nun Erdbeersoße und geraspelte weiße Schokolade. Fertig ist das perfekte, eiskalte Urlaubsgefühl.

Sternenglanz im Südwesten

Wenn der Name Baden-Württemberg nach etwas klingt, dann nicht unbedingt nach filigraner Raffinesse, erst recht nicht, wenn der frühere Ministerpräsident und heutige EU-Kommissar Günther Oettinger ihn ausspricht. Und doch ist Baden-Württemberg das Land der Sinne, in dem das Kochen voller Leichtigkeit und ausgereifter Feinheit zur höchsten Kunst entwickelt wird. Jahr für Jahr erklärt der Guide Michelin den Südwesten zum Schlemmerparadies. Mit über 70 Sterne-Restaurants locken hier die meisten Gourmetadressen der Republik. Mittlerweile hat sich die Sterne-Liga erfreulich verjüngt. Das Klischee, die Tempel der Hochgenüsse seien im Zwang der Etikette zu gediegen, zu feierlich und zu abgehoben, stimmt glücklicherweise immer seltener.

Warum gerade in Baden-Württemberg der Sternenglanz am hellsten leuchtet? Es könnte daran liegen, dass hier der Wille zur Perfektion am stärksten ausgeprägt ist und dass hier mehr Menschen leben als anderswo, die sich hohe Restaurantpreise leisten können und sich gern mal belohnen. Immer wieder ist zu hören: Wer viel arbeitet, darf sich was gönnen. Wer will schon Kostverächter sein? Die Lästermäuler unter den Badenern haben eine ganz andere Erklärung, weshalb hier so viele Sternerestaurants gedeihen: Die Schwaben können kein Französisch und getrauen sich nicht über den Rhein zu den noch viel zahlreicheren Spitzenrestaurants unserer Nachbarn.

In den *Schwarzwaldstuben* der *Traube* Tonbach in Baiersbronn, in denen Harald Wohlfahrt von 1992 bis 2017 auf seine bescheidene Art Jahr für Jahr drei Sterne verteidigte, konnte sein Nachfolger Torsten Michel den Spitzenplatz sichern. Die Vorspeise, die bei ihm in der Karte wohlklingend als »Gezupftes Königskrabbenfleisch mit Krustentiergelee« notiert ist, kostet 68 Euro. Der Guide Michelin formuliert seine Begeisterung für das Restaurant mit 35 Sitzplätzen unter schwarzwaldtypischer Holzdecke so: »Eine Küche, die vor Klassik nur so strotzt und dennoch mit der Zeit geht, geschmacklich wie handwerklich perfekt und stets filigran – auch unter neuer Leitung absolutes Top-Niveau.«

Über 300 Restaurants in Deutschland sind mit Michelin-Sternen ausgezeichnet – mehr als ein Viertel davon befindet sich in Baden-Württemberg. Das Land mit dem etwas sperrigen Doppelnamen kann stolz sein – aber zu sehr abheben sollte man trotzdem nicht. Im Jahr 2018 konnte der Südwesten 74 Sterneköche sein eigen nennen. Das ist wirklich gut für ein deutsches Bundesland ganz allein. In Paris aber sind's 85 Sterneköche – in nur einer Stadt.

Caro-Kaffee – der Muckefuck gehörte viele Jahre zu Ludwigsburg

Ist der Muckefuck nur ein Notbehelf, eine Ersatzbefriedigung gar? Das schöne Wort fürs kaffeeähnliche Heißgetränk setzt sich zusammen aus Mucke (brauner Holzmulm) und fuck (faul). Manche meinen, das Wort sei eine Verballhornung des französischen Ausdrucks mocca faux (falscher Mokka). Der Muckefuck jedenfalls hat in Deutschland eine Hauptstadt – und die ist das schwäbische Ludwigsburg. Dem *Caro-Kaffee*, 1954 als Wort-Bild-Marke mit roter Raute eingeführt, ist von der einstigen Residenzstadt aus sein Siegeszug gelungen. Und in gesund-

Die große Zeit des Caro-Kaffees ist nun vorbei.

heitsbewussten Zeiten gilt als wertvoll, was mit Getreide geröstet wird und ohne Koffein auskommt. Von einer Notlösung kann also keine Rede sein!

Die Unternehmensgeschichte des Ludwigsburger *Caro*-Werks, das seit 1971 zum Nestlé-Konzern gehört, reicht weit zurück. Als Friedrich der Große den Bohnenkaffee mit hohen Steuern belegte, fanden findige Menschen wie Johann Heinrich Franck heraus, wie man mit der Zichorie, die zur botanischen Familie der Korbblütler gehört, eine Kaffeealternative herstellen kann. Die 1828 in Vaihingen gestartete und 1868 nach Ludwigsburg verlegte Produktion schaffte ihren Durchbruch neun Jahre nach dem Zweiten Weltkrieg, in jener kaffeearmen Zeit, in der man sich – wie schon während des Krieges – mit löslichen Getreidegetränken zu helfen wusste. Die Ludwigsburger waren die Ersten, die sich ihre Produkte mit einem markanten Logo, dem Karo-Zeichen, schützen ließen und als »Erfinder der Schutzmarke« gelten. Anfangs wurde *Caro* zum Überbrühen verkauft, später als schnell lösliches Produkt. An der Stelle von Koffein, Zucker und zugesetzten Aromen setzt das schwäbische Unternehmen auf Gerste, Malz, Roggen und eben Zichorie, die auch für Herz-Kreislauf-Präparate eingesetzt wird. Im Laufe der Jahre ist die Nachfrage nach Instantpulver immer weiter gesunken. Im Juni 2018 hat Nestlé bekanntgegeben, dass das Werk in Ludwigsburg geschlossen wird.

Capri-Sonne – was man liebt, das quetscht man

Wer weiß, wo die Capri-Sonne aufgeht? Während über der Bucht von Neapel nur eine einzige Sonne strahlt, leuchten die Energiespender in Heidelberg-Eppelheim millionenfach. Der 1995 verstorbene Unternehmer Rudolf Wild, ein studierter Chemiker, hat 1969 die Trinktüten mit dem klangvollen Namen *Capri-Sonne* erfunden, die heute auch in Deutschland den internationalen Namen *Capri Sun* tragen und in über 100 Ländern verkauft werden. Die Zusammensetzung ist rund um den Globus verschieden und wird jeweils dem landestypischen Geschmack in 24 Produktionsstätten angepasst, mal eher süß, mal eher fruchtig. Neben *Coca-Cola*, *Pepsi* und *Schweppes* zählt der Saft aus Heidelberg heute zu den bekanntesten Getränkemarken der Welt. Auf den Trinkbeuteln sind Orangen abgebildet. Warum eigentlich keine Würfelzucker? Denn nur 14 Milliliter Frucht sind in den deutschen 200-Milliliter-Tüten der Sorte Orange enthalten. Dies entspricht ungefähr einer Orange in sieben Trinktüten. In diesen sieben Tüten stecken aber auch rund 21 aufgelöste Zuckerwürfel, also drei pro Packung. Doch die Heidelberger Hersteller gehen mit der Zeit. Die Sortenvielfalt wächst – und so es gibt auch zuckerfreien Saft. Einer der heutigen Slogans lautet: »Was man liebt, das quetscht man.« Beim Quetschen denken viele Konsumenten an ihre Schulzeit zurück. Als *Capri Sun* noch *Capri-Sonne* hieß, fehlten die silberfarbenen Tüten auf keinem Schulhof.

Zum Löwen oder Zum Roten Bären – das älteste Gasthaus Deutschlands

Zum Savoir-vivre im Ländle gehören selbstverständlich Essen und Trinken, und das schon seit sehr langer Zeit. Kein Wunder, dass *das älteste Gasthaus Deutschlands* in Baden zu finden ist. Um genau zu sein, streiten sich drei Gaststätten um diesen Titel, davon zwei in Baden. Die dritte, »Zum Riesen« in Miltenberg im bayerischen Unterfranken, ist geografisch nicht weit von Baden entfernt, soll uns aber hier nicht weiter interessieren.

»Zum Roten Bären« in Freiburg ist Gaststätte Nummer eins am Oberlindenplatz in der Nähe des Schwabentores.

Die Liste der über 50 Wirte reicht zurück bis ins Jahr 1311. Wirt Nummer eins war vermutlich Johan der Bienger. In einer Urkunde aus dem Jahr 1387 wird sein Enkel, Hanman Bienger, als »wirt ze dem Roten Bern« erwähnt, der außerdem Zunftmeister der Wirte war und dem Rat der Stadt Freiburg angehörte. Wie viele Wirte nach ihm übrigens, was die Wertschätzung dieses Berufes unter den Bürgern zeigt.

Die Fundamente offenbaren, dass das Gebäude selbst noch älter ist und vermutlich in der Zeit der Stadtgründung im frühen 12. Jahrhundert errichtet wurde. Möglicherweise war der »Rote Bär« schon damals ein Gasthaus. Während das ursprüngliche Gebäude durch die Franzosen 1744 stark beschädigt und daraufhin abgerissen wurde, blieb der dreistöckige Keller erhalten. Die damaligen Wirte wurden von den Franzosen entschädigt und errichteten das heutige Barockgebäude. Im Jahr 2012 musste eine der Holzsäulen im Keller saniert

Ein alter Bär –
Deutschlands ältes-
tes Gasthaus.

werden. Sie soll aus dem Jahr 1263 stammen, womit sie älter wäre als der älteste Balken im Freiburger Münster.

Weniger weiß man über die Herberge »Zum Löwen«, ein denkmalgeschütztes Fachwerkgebäude in der Gemeinde Seelbach-Schönberg, das 1231 erstmals urkundlich erwähnt wird. Der »Löwen« findet sich unterhalb der Burg der Herren Geroldseck an einer ehemaligen Raubritterroute. Heute bietet ein italienischer Wirt dort badische und schwäbische Spezialitäten an.

Weltweit gibt es nur wenige ältere Gasthäuser. Den Altersrekord hält der Sankt-Peter-Stiftskeller in Salzburg, erbaut in der damaligen Abtei im Jahr 803.

RAPPER, E-MAILS, BH – ERFOLGSGESCHICHTEN ZWISCHEN MANNHEIM UND DEM BODENSEE

SAP – die größte Softwarefirma außerhalb der USA

W as den Amerikanern ihr Silicon Valley ist den Deutschen ihr Oberrhein – jedenfalls die Gegend zwischen Mannheim und Karlsruhe, wo zahllose Softwarefirmen angesiedelt sind. Auch die größte Softwarefirma außerhalb der USA wurde hier gegründet, lange bevor es Konzerne wie Facebook, Amazon oder Google gab. Die Geschichte der Walldorfer Softwarefirma SAP reicht zurück bis ins Jahr 1972 und begann nicht in einer Garage. Die ehemaligen IBM-Mitarbeiter Dietmar Hopp, Claus Wellenreuther, Klaus Tschira und Hasso Plattner ließen damals eine Firma mit neun Mitarbeitern unter dem Namen »Systemanalyse und Programmentwicklung« in Weinheim registrieren. Der Umsatz betrug zu Beginn 320 000 Euro. Bis 2016 stieg die Zahl der Mitarbeiter auf über 84 200. Sie erwirtschafteten 22,8 Milliarden Euro. Nach vier Jahren wurde der Sitz der Firma nach Walldorf verlegt, sie hieß nun »SAP GmbH, Systeme, Anwendungen und Produkte in der Datenverarbeitung«. Der Softwareentwickler hat sich spezialisiert auf Programme zur Automatisierung der Lohn- und Gehaltsbuchhaltung, Controlling, Lagerhaltung et cetera. Kaum ein Unternehmen kommt an SAP-Programmen vorbei, jedenfalls in Deutschland, wo der Marktanteil bei 55 Prozent liegt, weltweit sind es 29 Prozent. Unter den 335 000 Kunden sind zahlreiche DAX-Konzerne und Großunternehmen, insgesamt haben die SAP-Programme über 12 Millionen Anwender weltweit. Durch gezielte Übernahmen von Mitbewerbern wurden über 120 Tochterfirmen weltweit gegründet. Walldorf zählt zu den reichsten Kommunen der Republik.

Vom Dorfverein in die Bundesliga –
die TSG 1899 Hoffenheim

....

Unter den Fußballfans bekannt ist natürlich die TSG 1899 Hoffenheim. Der Bundesligaverein gehört zu 96 Prozent dem SAP-Gründer Dietmar Hopp. Durch seine Großinvestitionen stieg der Dorfverein 2008 in die Bundesliga auf, die Saison 2017/18 beendete Hoffenheim auf dem dritten Tabellenplatz. In der Saison zuvor war es ein respektabler vierter Platz, allerdings verlief die internationale Karriere des Vereins bis zum Redaktionsschluss wenig ruhmreich, aber hoch ambitioniert. Mit Niederlagen endeten die Champions-League-Spiele gegen Liverpool (1 : 2 und 2 : 4) und Sporting Braga (1 : 3). Das Vermögen Dietmar Hopps wird übrigens auf knapp neun Milliarden Euro geschätzt, das ist Rang zwölf der reichsten Menschen in Deutschland, aber nur Rang 140 weltweit gesehen. Der Unterschied zu Mark Zuckerberg (Facebook) oder Jeff Bezos (Amazon), die etwa zehnmal so reich sind wie Hopp, ist dann doch augenfällig – der Oberrhein ist noch nicht ganz mit dem Silicon Valley vergleichbar.

Ein unspektakulärer Vorgang –
die erste E-Mail Deutschlands kam in Karlsruhe an

....

Es dauerte Stunden, bis am 3. August 1984 die tags zuvor in den USA abgesandte Nachricht in Karlsruhe ankam. Doch es war ein historisches Datum und eine geschichtsträchtige Nachricht, denn an jenem Sommertag erreichte die Karlsruher Universität die *erste E-Mail Deutschlands*. Adressat war Werner Zorn. Der Informatik-Professor hatte dort das Rechenzentrum der Fakultät für Informatik mit aufgebaut. Sein Mitarbeiter Michael Rotert, so ist belegt, empfing die E-Mail um genau 10.14 Uhr Mitteleuropäischer Zeit. Der technische Vorgang war unspektakulär. Laura Breeden aus Cambridge in Massachusetts schrieb folgenden Text: »This is your official welcome to CSNET. We are glad to have you aboard.« Die Wissenschaftlerin tippte folgende Adresse: »rotert%germany@csnet-relay.csnet« und erklärte den deutschen Kollegen: »Anbei sende ich Ihnen einige Informationen darüber, wie man CSNET benutzt. Dazu gehören auch das Formatieren der Adressen, das Benutzen eines Namenservers sowie

```
Received: From Csnet-Sh.arpa by csnet-relay; 2 Aug 84 12:35 EDT
Date: Thu, 02 Aug 84 12:21:58 EDT
To: robert%germany@csnet-relay.csnet
cc: zorn%germany@csnet-relay.csnet, cic%csnet-sh.arpa@csnet-relay.csnet,
     breeden%csnet-sh.arpa@csnet-relay.csnet
Subject: Wilkommen in CSNET!
From: Laura Breeden <breeden%csnet-sh.arpa@csnet-relay.csnet>
Via:  csnet-relay; 3 Aug 84 10:14-MET


Michael,

This is your official welcome to CSNET!  We are glad to have you
aboard.  I gather that you and Dan were able to talk about some
of the details of your implementation at the Paris conference.
Dan also said you were interested in CSNET paraphernalia (like
t-shirts).  If I can come up with some stickers (about the only
thing we have), I will send them.

I am going to send you a series of informational messages about
using CSNET, including instructions for forming network
addresses, using the Name Server, and finding your way around
the Internet.  Please let us know if you have any questions.

Because some sites act as forwarders or have other internal
concerns, we ask new sites to confirm that they are ready before
we announce them up to the rest of CSNET.  In your case, I would
also like to include some information about DFN in the
announcement (what hosts are on it, how to reach them via your
host).  From your recent message, it looks as though your VAX is
the only machine able to send and receive CSNET mail.

For the announcement I will also want to be sure that the
information on the site sheet is correct and complete.  We show
the following for you:

                     W. Zorn (zorn@germany)
```

**Unspektakulär –
Deutschlands erste
E-Mail.**

die Orientierung im Internet.« Zorn und seine Mitarbeiter am Karlsruher Rechenzentrum nutzten den dort installierten Server samt dem neu installierten TCP (Transmission Control Protocol), also einem IP-Internetprotokoll, das auch heute noch Grundlage beim Surfen im Internet ist. Der Karlsruher Server machte in den Folgejahren den E-Mail-Verkehr zum Massenkommunikationsmittel. Zorn wurde später international vielfach geehrt, 2013 wurde er in die »Internet Hall of Fame« aufgenommen in der Kategorie »Pioneers«.

Der Erfinder der Spanplatten
hat die Möbelbranche revolutioniert

．．．．．．．．．．．．．．．．．．．．．．．．．．．

Jeder kennt die Spanplatte. Sie könnte auch Himmelheber-Platte heißen. Denn der Mann, dem sie zu verdanken ist, hieß Max Himmelheber und kam 1904 in Karlsruhe zur Welt. Als er 1932 sein Produkt patentieren ließ, war von »ökologischer Nachhaltigkeit«

noch keine Rede. Abfälle aus der Holzbearbeitung mussten nicht mehr weggeworfen oder verbrannt werden – man presste sie zusammen und verklebte sie. Ohne die Pressspanplatte wäre *Ikea* nie entstanden, und die Menschheit müsste bis heute auf das *Billy-Regal* verzichten. Der Vater von Max Himmelheber war Schreiner und klagte immer wieder, dass beim Möbelbau so hohe Abfallmengen anfallen. Nur etwa 40 Prozent der gefällten Holzmasse konnte damals für Möbelbretter genutzt werden. Dem jungen Badener kam eine geniale Idee. Er schredderte die Holzabfälle zu Spänen, verleimte diese zwischen zwei Furnieren – und das Homogenholz war erfunden, wie die Spanplatte in den 1930ern noch hieß.

Seit 1932 gibt es die Spanplatte.

In Baiersbronn im Schwarzwald hatte Himmelheber nach dem Krieg seine Fabrik aufgebaut, von der aus er rund um die Welt etwa 100 Lizenzbetriebe für Spanplatten errichten ließ. Über 80 Prozent der Möbel in deutschen Haushalten sind heute aus Himmelhebers Stoff gefertigt. Sein Patent beschreibt ein »holzähnliches Produkt sowie ein Verfahren zu dessen Herstellung«, das Holzspäne wiederverwendet. Was zusammengepresst und mit Bindemitteln wie Kunstharzleimen oder Zement vermengt wird, soll eine mehr oder weniger gleichmäßige, glatte Oberfläche haben. Die oberste Schicht von Spanplatten ist feiner als die übrigen Schichten. Die Mittelschicht, die meistens die Hauptbelastung der Spanplatten aufnimmt, besteht aus großen, flachen Spänen. Die Farbe der Platten ist mit hellem Holz vergleichbar. Ist Holz gesund und lässt einen alt werden? Der geniale Erfinder starb mit 96 Jahren in Baiersbronn.

Die Fantas – die Könige des deutschen Sprechgesangs

Sie sind die Könige des deutschen Sprechgesangs. Ein bisschen grauer und faltiger sind sie geworden, dabei aber sehr cool geblieben. Als Smudo, Michi Beck, Andy Ypsilon und Thomas D. (drei Abiturienten und ein Friseur) im Jahr 1992 mit »Die da« bis auf Platz zwei der deutschen Hitparade kamen, dachten viele, die *Fantastischen Vier* aus Stuttgart würden nach ihrem One-Hit-Die-da-Wonder rasch in der Versenkung verschwinden. »Der Traum geht weiter, weil der Zauber wirkt«, sangen sie aber damals schon so selbstbewusst, als wüssten sie ganz genau, dass dieser Traum nie endet.

Mit dem Zauber fing es am 7. Juli 1989 an – bei einem Konzert in einem stillgelegten Kindergarten im Stuttgarter Stadtteil Wangen. Die Jungs nannten sich *Terminal Team*. Dass sie Teil der Stadtgeschichte werden sollten, war zu dieser Zeit so wahrscheinlich, wie wenn jemand den Stuttgarter Fernsehturm verknoten würde. Die vier Rapper sicherten sich stets aufs Neue ihren Platz in der deutschen Popgeschichte, auch wenn ihnen mit »Sie ist weg« bisher nur ein einziger Nummer-eins-Hit gelang. Als Erstes bewies das Quartett, dass Hip-Hop, die Musik der schwarzen Slums, auch auf Deutsch funktioniert. Die Begegnung mit ihrem Manager Andreas »Bär« Läsker war das zweite Glück der Band.

Mit »Die da« hatten die Fantas 1992 ihren Durchbruch.

Die Fantas riefen dazu auf, die Sonne zu spüren. Dazu gab's klare Anweisungen: »Spiel in deinem Leben auf jeden Fall die Hauptrolle!« Später sangen sie: »Die Jungs haben sich kaum verändert, außer den Augenrändern.« Gut, sie sind auch mal fünfzig geworden. Thomas D., das »Nesthäkchen«, ist der Letzte der Vier, der Ende Dezember 2018 das halbe Jahrhundert vollmacht. »Lern zu lieben, wen du siehst, und dazu gibt es einen Trick – sag schnippdippeldidip.« Gerappte Ratschläge wie dieser waren schon immer eine wichtige Lebenshilfe der *Fantastischen Vier*. In fast drei Jahrzehnten hat die Band nicht nur den Fans geholfen, sondern auch der deutschen Sprache. Dafür hat das Quartett im April 2018 den Medienpreis für Sprachkultur bekommen, den die Gesellschaft für deutsche Sprache vergibt. Längst gehören die Vier zu Stuttgart wie der Fernsehturm und 's Rössle, auch wenn nur noch einer von ihnen hier lebt.

Sie könnten sich die Fantastischen Fünfzig nennen. Aber auch mit sechzig werden sie noch fantastisch sein. Ihre Erfolgsgeschichte zeigt, dass das Alter eine vernachlässigbare Größe ist, wenn nur der Zauber ohne Ende wirkt und sich ein Traum immer wieder erneuern kann.

Stuttgart – die deutsche Hip-Hop-Hauptstadt

Kolchose ist kein schwäbisches Wort – und doch hat es gerade bei Schwaben eine ganz besondere Bedeutung. In der Sowjetunion hießen genossenschaftlich organisierte Großbetriebe »Kolchose«. 1992 nannten in Stuttgart Hip-Hop-Musiker ihr Kollektiv so. Damit legten sie den Grundstein dafür, dass die Schwabenmetropole in den 1990ern zur deutschen Hip-Hop-Hauptstadt geworden ist. Dem losen Zusammenschluss gehörten unter anderem Max Herre, seine Band *Freundeskreis*, die *Massiven Töne*, Afrob sowie Sprayer und Breakdancer an, die damals ihren eigenen Stil entwickelten. Die ganze Republik schaute in den Südwesten. Die Mitglieder der Kolchose beflügelten sich gegenseitig, amerikanische Rapper waren ihr Vorbild, und doch entwickelten sie ihren eigenen Stil. Die Vorurteile über das angebliche Provinzielle von Stuttgart trieben sie noch mehr an – denn sie konnten das Gegenteil beweisen. Einige Jahre zuvor hatten schon die *Fantastischen Vier* in dieser Stadt bewiesen, wie gut Hip-Hop und deutsche Texte zusammenpassen.

Die »Soko Stuttgart« –
die Stadt bewährt sich als Sündenpfuhl

Gestorben ist er schon hundertmal als Mercutio im Ballettklassiker »Romeo und Julia«. Aber tot am Schwulentreff lag Eric Gauthier noch nie. Für den früheren Tänzer des weltberühmten Stuttgarter Balletts und heutigen Intendanten der Theaterhaus-Kompanie *Gauthier Dance* ging ein Wunsch in Erfüllung. Er durfte eine Leiche spielen in einem Fernsehkrimi. Am Stricherlaufsteg des Stuttgarter Schlossgartens wird ein Toter gefunden, ein berühmter Tänzer. Ein Fall für die »Soko Stuttgart«, die seit 2009 im ZDF läuft und sich als Quotenbringer erweist. Der junge Ermittler Rico Sander alias Benjamin Strecker stottert sich am Wort »schwul« vorbei. Hat da jemand Probleme mit der eigenen Homosexualität oder mit der seines Vorgesetzten? In einer Großstadt wie Stuttgart gar?

Aber nein, wir sind auf der völlig falschen Fährte. Drehbuchautoren lieben es, uns in die Irre zu führen. Denen der »Soko Stuttgart«, des siebten Ablegers der deutschen Erfolgsserie im ZDF, gelingt dies immer wieder. Häufig stehen Prominente wie Ballettstar Gauthier vor der Kamera, um das Interesse der Fernsehzuschauer hochzuhalten. Im Römerkastell ist für das Ermittlerteam um Chefin Martina Seiffert alias Astrid M. Fünderich ein (falsches) Polizeirevier gebaut worden. Stuttgart hat sich als Sündenpfuhl bewährt. Die Kriminalfälle gehen nicht aus. Woche für Woche wird gemeuchelt, erschossen, erstochen.

Die Mutter der Serie kommt aus München. Erfunden hat sie 1978 ein echter Polizist. Dieter Schenk war Leiter der Kriminalpolizei Gießen und ärgerte sich vor dem Fernseher viel zu oft, wie die Arbeit seines Berufsstandes dargestellt wurde. Bei ihm fuhr keiner den Wagen vor. Schenk schrieb ein Buch, aus dem das ZDF eine Serie machte. Den Namen dachte sich der ehemalige Beamte aus: »Soko 5113«. Das war damals seine Durchwahl beim LKA: 5113. Bis ins Jahr 2015 hießen die Münchner Folgen so. Es kamen immer weitere Ableger hinzu. Hamburg, Wismar, Kitzbühel, Köln, Leipzig – und 2009 Stuttgart. Es könnte so weitergehen. Wann kommt die »Soko Karlsruhe«? An spannenden Fällen mangelt es rund um das Bundesverfassungsgericht und den KSC garantiert nicht.

Märklin – die Erfolgsmarke aus Göppingen

Märklin gehört zu den Stars am deutschen Markenhimmel, die viele Menschen umgehend in das Paradies ihrer Kindheitserinnerungen zurückführen. Die erste Modelleisenbahn kann fürs Leben so prägend sein wie der erste Kuss. Der Spielzeughersteller aus dem schwäbischen Göppingen bedient die Sehnsucht nach der guten alten Zeit, aber zugleich auch die Faszination am technischen Fortschritt.

Im Jahr 1859 gründete der Flaschnermeister Theodor Friedrich Wilhelm Märklin seine Firma, die zunächst ausschließlich Puppenküchen für Kinder herstellte. Nach seinem Tod im Jahr 1866 übernahmen seine Söhne Eugen und Karl Märklin das Unternehmen. Die geniale Idee, eine maßstabsgetreue Eisenbahn als Uhrwerkbahn mit Schienenanlage in Form einer Acht auf den Markt zu bringen, kam ihnen im Jahr 1891. Damit legten sie den Grundstein für den weltweiten Erfolg der Firma, die von nun an *Gebrüder Märklin* hieß und bis heute noch so heißt.

1935 brachte die schwäbische Firma die erste Miniaturbahn in der Spurweite »H0« (Maßstab 1 : 87) auf den Markt, die sich als Standard für elektrische Tischeisenbahnen durchgesetzt hat. Eine weitere wichtige Entwicklung war die Nutzung von Computertechnik in der Steuerung von Modellbahnen. Doch dann zerbrach die heile Welt. Märklin landete auf dem Abstellglas. Von 2004 an **Märklin ist in Göppingen zu Hause.**

Der Mythos Märklin fasziniert seit Generationen. schrieb das Unternehmen rote Zahlen, bis 2006 der Londoner Finanzinvestor *Kingsbridge* die große Marke von den drei Familien Märklin, Friz und Safft übernahm – und als Erstes über 300 von etwa 1400 Arbeitsplätzen strich. Man hatte in Göppingen zu lange aufs falsche Pferd gesetzt. Mit immer hochwertigeren Modellen wollte man die älteren Sammler ansprechen – die Preise stiegen und stiegen. Irgendwann wollten auch die Erwachsenen nicht mehr mitspielten. Es gab kaum noch Spielzeugmodelle für Kinder. Märklin ging ins Insolvenzverfahren. Seit ihrer Übernahme im April 2013 investieren die neuen Besitzer Michael und Florian Sieber gezielt in den Einsteigerbereich, um junge Zielgruppen für das Hobby Modellbahn zu gewinnen. Der Umsatz steigt langsam wieder. Der Mythos Märklin erlebt sein Comeback mit neuer Technik. Die analoge Steuerung von Modellbahnen kennen viele aus ihrer Kindheit. Mit einem schlichten Dreh am Regler des Trafos konnte man den Zug auf dem Gleis starten und fahren. Heute nutzt Märklin digitale Möglichkeiten, um die Bahnen zu steuern, die mit den früheren Modellen der großen, alten Marke kompatibel sind. Die Sehnsüchte von einst sind die Sehnsüchte von heute – und wenn es weiter so gut läuft, auch die Sehnsüchte von morgen.

Porsche – vom Mythos auf vier Rädern

Selbst in Baden-Württemberg wachsen die Autos noch nicht auf den Bäumen. Aber beim Porsche-Stammsitz in Stuttgart-Zuffenhausen ragen drei Varianten des Sportwagens 911 etwa 24 Meter in den Himmel, als Kunstwerke an Stahlträgern befestigt. Wenn irgendwo in der Welt das Wort »Porsche« fällt, ist mit sehnsuchtsvollen Blicken zu rechnen. Der Name der Marke steht für das Nonplusultra bei den Sportwagen – und wer die Anfänge einer einzigartigen Erfolgsspur sucht, landet mitten in Baden-Württemberg, im Zentrum des automobilen Universums. Das Flaggschiff von Porsche, aber auch sein Herz, war und ist der 911er – seit 1963 schon.

»Baden-Württemberg ist ein Autoland« – dieser Ausruf ist in Reden von Politikern und Wirtschaftsbossen oft zu hören, auch wenn Dieselskandal, Feinstaub und Stickoxidbelastung den Stolz ein bisschen geschmälert haben und es immer stärkeren Gegenwind gibt. Etwa eine Million Autos werden jedes Jahr im Südwesten gebaut. Das Auto ist – dank Mercedes, Bosch und Porsche – in diesem Land alles: Arbeit, Wohlstand, Selbstbewusstsein – und nun auch noch ein Streitfall.

Baden-Württemberg ist nicht nur Autoland, sondern auch das *Auto-Erfinderland*. Der Ingenieur *Carl Benz*, als Sohn eines Lokomotivführers in Karlsruhe geboren, meldete seinen Motorwagen Nummer eins am 29. Januar 1886 zum Patent an – dieses Fahrzeug mit drei Rädern war ein Meilenstein der

Porsche weckt automobile Sehnsüchte.

Technik und löste eine Revolution auf den Straßen aus. Ohne diese Erfindung wäre die Welt heute eine völlig andere. Seine Werkstatt stand in Mannheim, in der er zunächst den Zweitaktmotor entwickelte.

Am 5. August 1888 startete seine Ehefrau *Bertha Benz* mit den Söhnen Eugen und Richard zur ersten Überlandfahrt mit einem »Wagen ohne Pferde« – ihr Mann wusste nichts davon. Mit dem dreirädrigen Motorwagen ging es auf holprigen Wegen von Mannheim über hundert Kilometer weit nach Pforzheim und wieder zurück. Auf halber Strecke ging der Treibstoff aus. Der Stadtapotheker von Wiesloch bei Heidelberg verkaufte der Mutter mit ihren Söhnen Benzin – damit war er *der erste Tankwart der Geschichte*. In Cannstatt bei Stuttgart hatten die Ingenieure *Gottlieb Daimler* und *Wilhelm Maybach* die geniale Idee für eine vierrädrige Benzinkutsche – doch Carl Benz hatte sein Patent früher angemeldet, weshalb der Tüftler aus Baden als Erfinder des Automobils in den Geschichtsbüchern steht. Daimler war dagegen ein Tausendsassa, der noch mehr erfunden hat: 1885 konstruierte er *das erste Motorrad mit Benzinmotor* und im selben Jahr *das erste Motorboot der Welt*.

Das geniale schwäbische Ingenieurduo Daimler und Maybach hatte 1882 in einer kleinen Versuchswerkstatt nahe dem Cannstatter Kurpark mit dem Tüfteln begonnen, von misstrauischen Nachbarn der Herstellung vom Falschmünzen verdächtigt. Tag und Nacht, so erzählte man sich, arbeiteten die beiden Männer an einem leichten Einzylinder-Viertaktmotor. Daimlers Sohn Paul durfte als Versuchsfahrer ins Gefährt steigen und jubelte: »Der Wagen lief gut und machte schon 18 Kilometer in der Stunde.«

Mercedes – hell strahlt der Markenname

Einem Mädchen namens Mercédès verdankt der Konzern mit dem Stern seinen strahlenden Markennamen. Ursprünglich verkaufte die 1890 gegründete Daimler-Motoren-Gesellschaft ihre Fahrzeuge nicht unter diesem Namen. Erst als zur Jahrhundertwende der Autohändler Emil Jellinek an der Rennwoche in Nizza teilnahm und seinem Daimler-Fahrzeug den Namen seiner Tochter Mercédès gab, war der Markenname geboren. Der für die Marke bekannte Stern wurde

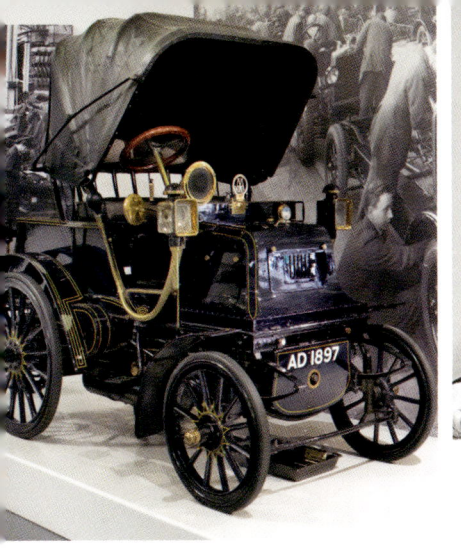

Gottlieb Daimler und der Graftom Phaeton von 1897.

1909 als Warenzeichen eingetragen – seit 1910 ist er das Kühlersymbol. Mit dem ewigen Konkurrenten Carl Benz verbündeten sich die Daimler-Leute 1926. Durch Fusion entstand die Daimler-Benz AG (heute die Daimler AG).

Wer mehr von der automobilen Geschichte erfahren will, sollte in Stuttgart das Mercedes-Benz- und das Porsche-Museum besuchen. In dem 2009 eröffneten Bau des Wiener Architekturbüros Delugan Meissl werden bei Porsche in Zuffenhausen Eifersüchteleien nicht zugelassen. Jedes Auto des historischen Fuhrparks darf für sich glänzen. Und doch nehmen die Rennwagen mit der Typenbezeichnung 917 eine exponierte Stellung ein – wohl auch aus Ehrfurcht vor dem stärksten Typen der Porsche-Geschichte. In Le Mans feierte der 917 Triumphe – auch 1970 im Filmklassiker mit Steve McQueen.

Bereits 2006 wurde das Mercedes-Benz-Museum in Cannstatt eröffnet. Allein schon der futuristische Neubau an der Bundesstraße 14 zieht alle Blicke auf sich. Mit einem »glänzenden Doppel-Whopper aus Glas und Aluminium« wurde das Museum verglichen, das Autogeschichte verteilt über neun Geschosse und auf etwa 17 000 Quadratmeter Ausstellungsfläche auf spannende Weise zelebriert. Vom ersten Auto der Welt, also dem Benz-Patent-Motorwagen Nummer 1, über die legendären Silberpfeile bis zur Gegenwart der Marke Mercedes-Benz – alles lässt sich hier bewundern. Zu sehen sind auch Konrad Adenauers letztes Dienstfahrzeug sowie die Wagen der Kaiser Wilhelm II. und Hirohito (Japan).

Der Leitz-Ordner – das Original kommt aus Stuttgart

Kann einem Erfinder etwas Besseres passieren, als dass sein Name für immer mit seinem Produkt verbunden ist? Dem gelernten Dreher Louis Leitz ist dies gelungen. 1871 gründete er in Feuerbach die »Werkstätte zur Herstellung von Metallteilen für Ordnungsmittel«. Auch in Zeiten elektronischer Datenerfassung wird der Leitz-Ordner heute immer noch in den meisten Büros und Amtsstuben gebraucht. Die Urform dieser bahnbrechenden Erfindung war kaum mehr als eine primitive Vorrichtung zum Aufspießen von Papier zwischen zwei Pappdeckeln. Der Umlegehebel mit dem Bügel kam 1893 auf den Markt. Die neue Mechanik erlaubte es, eine Blattsammlung zu öffnen, zu schließen sowie einzelne Blätter an jeder beliebigen Stelle einzuordnen und mit Hilfe eines alphabetischen Registers zu sortieren. 1911 hat Leitz seinen Ordnern ein Loch auf der Rückseite verpasst – das Erkennungszeichen ist bis heute geblieben.

Leitz ist zum Synonym für den Aktenordner geworden.

Als der 1846 im württembergischen Großingersheim geborene Louis Leitz 1918 starb, blieb die in Feuerbach ansässige Firma für vier Generationen in Familienhand. 1926 kam Unruhe auf. Mit der Firma *Soennecken* aus Bonn, dem größten Konkurrenten, begann ein Patent-Rechtsstreit um die »Hebelmechanik mit Rolle«, das »Griffloch im Einband« und die Normierung der Loch-Abstände: Acht Zentimeter bei *Leitz*, sieben Zentimeter bei *Soennecken*. Der Streit endete mit einem Triumph für die ordentlichen Schwaben: Acht Zentimeter wurde in Deutschland Industrie-Norm. Der Rivale *Soennecken* wurde schließlich 1967 geschluckt. Der Umsatz von *Leitz* stieg immer weiter. Selbst die Erfindung des Computers und dessen Einzug in die Büros konnte die Firma aus Feuerbach nicht stoppen. Die Globalisierung jedoch war ein zu starker Gegner. Ein Preiskampf mit großen, ausländischen Büroartikel-Herstellern begann. 1998 verkauften die *Leitz*-Erben das Unternehmen an den schwedischen Büroartikel-Hersteller *Esselte*. 2002 wurde *Esselte* wiederum von einem US-Investor übernommen. Die Marke *Leitz* bleibt aber weiterhin bestehen. Wenn Ordnung das halbe Leben ist, dann hat die Stuttgarter Erfindung die andere Hälfte, die Unordnung, das Fürchten gelehrt.

Im Falle eines Falles – die Welt klebt badisch

Eigentlich war der Apotheker und Lebensmittelchemiker August Fischer (1868–1940) schon Pensionär. Seine Firma, die »Chemische Fabrik Ludwig Hörth« in Bühl, hatte sich auf Büroartikel aller Art spezialisiert und übelriechende Kleister und Leime im Portfolio. Der Seniorchef übertrug seinen Betrieb an den ältesten Filius und experimentierte nun in seinem Labor Tag und Nacht an einem Alleskleber, der auch die Nase nicht quälte. Er war 64 Jahre alt, als er im Jahr 1932 entdeckte, dass eine 40-prozentige Lösung von Polyvinylacetat in Aceton/Methylacetat einen hervorragenden nasenfreundlichen Klebstoff abgab. So entstand der Uhu-Alleskleber. Auf den Namen »Uhu« kam Fischer, weil bereits andere Produkte seiner Firma nach großen Vögeln benannt waren, etwa Pelikan, Adler und Marabu.

Anfangs wurden die berühmten gelben Tuben noch per Hand befüllt, aber schon nach zwei Jahren schaffte eine Maschine 2000 bis 3000 Bleituben. Heute sind es 180 000 Tuben pro Tag. Mit zwei prima Marketing-Ideen trat der Alleskleber seinen weltweiten Siegeszug an. Erstens verschickte man fünf Jahre lang an 36 000 Schulen des Landes Warenproben und Werbematerial, zweitens klebten die Ingenieure des größten Luftschiffs aller Zeiten, der »Hindenburg«, zahlreiche Teile des Interieurs aus Gewichtsersparnisgründen mit »Uhu«. Heute liefert die badische Firma in etwa 130 Länder. Die

»Babbd gut!« –
Uhu klebt
wirklich alles.
Produktpalette ist unübersichtlich geworden, Uhu-Kraft, Klebestifte, Sekundenkleber, »Die Flinke Flasche« und allerhand Spezialkleber kleben wirklich alles. Und wer keine Ahnung hat, welcher Kleber bei welchem Material für volle Haftung sorgt, dem sei »Der interaktive Klebeberater« auf der Firmenhomepage empfohlen.

Eldorado der »Hidden Champions«

B aden-Württemberg gilt als Eldorado der heimlichen Weltmarktführer. Gemeint sind damit im betriebswirtschaftlichen Sinne mittelständische Firmen, die in ihrem Segment entweder einen der ersten drei Plätze auf dem Weltmarkt oder in Europa belegen, einen Jahresumsatz von etwas unter drei Milliarden Euro haben oder inhabergeführt, jedenfalls nicht börsennotiert und deshalb oft in der Öffentlichkeit wenig bekannt sind. Bundeskanzler Gerhard Schröder entdeckte im Jahr 2005 in den engen Tälern rund um Furtwangen besonders viele »Hidden Champions« und sprach vom »Modell Furtwangen«. Empirischer ging die Zeitschrift *Wirtschaftswoche* vor und veröffentlichte 2013 ein Ranking von Mittelständlern, die sich in den beiden Jahren zuvor besonders gut positioniert hatten. In den Top Ten finden sich gleich zwei badische Unternehmen, nämlich der Hersteller von Badezimmermöbeln wie Waschbecken, Toiletten und Duschen, die Hornberger Firma »Duravit«, die auf Rang sechs kam.

Duravit hat in die Fassade des Firmengebäudes übrigens *das angeblich größte WC der Welt* bauen lassen. Die 7,10 Meter hohe Schüssel mit einem Gewicht von elf Tonnen ist weithin sichtbar.

Platz eins der deutschen »Hidden Champions« ist laut Wirtschaftswoche die Firma Herrenknecht in Schwanau, der weltweit führende Hersteller von Tunnelvortriebsmaschinen, gegründet im Jahr 1977. Herrenknecht stellt sogar die Schweizer Konkurrenz in den Schatten und produziert Geräte, die beim Gotthard-Basistunnel zum Einsatz kamen. Herrenknecht deckt mit seinen Tunnelbohrmaschinen fast drei Viertel des Weltmarktes ab. Die Eignerfamilie verzichtete anlässlich des Crashs Anfang des Jahrtausends auf einen bereits geplanten Börsengang.

Das *Zentrum der Medizintechnik* findet sich am Ufer der Donau, nämlich in Tuttlingen. Bei nur 35 000 Einwohnern sind hier allein 600 Unternehmen angesiedelt, die sich etwa auf Endoskopie (Karl Storz) oder auf Instrumente für vielfältige chirurgische Eingriffe spezialisiert haben, darunter das größte, »Aesculap«, mit 3500 Mitarbeitern allein in Tuttlingen und einem Umsatz von etwa 1,5 Milliarden Euro. Die Erfolgsgeschichte geht zurück bis ins Jahr 1867, als Gottfried Jetter eine Werkstatt zur Herstellung von chirurgischen Messern eröffnete.

Neben den großen »Champions« haben sich in Baden-Württemberg auch viele kleine etabliert, die fast niemand kennt, so etwa die Horber Firma TT-Matic, *Weltmarktführer für Tischtennisautomaten*, raffinierte, computergesteuerte »Ballspucker«, an denen Weltmeister und Olympiasieger trainieren.

Die Quote an Weltmarktführern in Baden-Württemberg ist doppelt so hoch wie der Durchschnitt über alle Bundesländer: Pro 100 000 Einwohner sind es 3,8 im Vergleich zu 1,9.

Die schiere Menge an »Hidden Champions« im Ländle hat mit der früheren Armut zu tun.

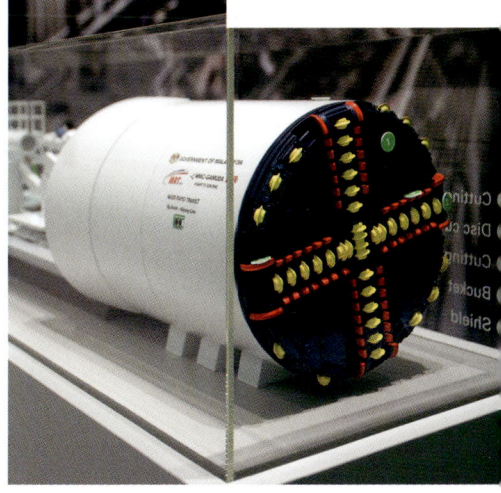

Hidden Champion: die Tunnelbohrmaschine von Herrenknecht.

Bodenschätze fand man kaum, und von einem rauen Klima umgeben, mussten die Menschen Hirnschmalz einbringen, um ökonomisch Erfolg zu haben. Sozialgeschichtler sehen den religiös motivierten Fleiß des schwäbischen Pietismus als Antriebsfeder für pfiffige Erfinder. Max Weber belegte seine Theorie vom *Zusammenhang zwischen Kapitalismus und protestantischer Ethik* unter anderem eben mit den schwäbischen Pietisten.

Der Büstenhalter ist ein urschwäbisches Erzeugnis

Wer hat's erfunden? Der liebe Gott natürlich! Der Allmächtige war's, der seine weiblichen Geschöpfe mit Rundungen versah, ohne die das Gedeihen der Menschheit unmöglich wäre. Die Erfindung, die sekundären Geschlechtsmerkmale der Frauen zu stützen und zu formen, überließ der liebe Gott dann aber den Erdenbürgern. Die Württemberger waren an diesem wichtigen Fortschritt wesentlich beteiligt, und sie halfen mit, das körperliche

Korsettrohstoff: Walbarten.

Wohlbefinden von Frauen in aller Welt spürbar zu verbessern. Zwar wurde das erste Patent auf ein »Frauenleibchen als Brustträger« 1899 in Dresden von Christine Hardt angemeldet. Ihr Kleidungsstück bestand aus zusammengeknüpften Taschentüchern und Männerhosenträgern. Doch der erste industriell hergestellte Büstenhalter ist ein urschwäbisches Erzeugnis. Die Cannstatter Korsettfirma *Lindauer* gab 1912 die Körbchen mit dem schönen Markennamen »Prima Donna« und später »Hautana« in Serienfertigung. Werbesprüche wie »Was der Leuchtturm für die Küste, ist Hautana für die Brüste« sind entstanden. Und der Chef Siegmund Lindauer selbst soll auf den Satz »Natur und Hautana – zwei große Künstler« gekommen sein.

Er schaltete in vielen Zeitschriften Anzeigen – sogar in der »Lüderitzbuchter Zeitung«, die in der Kolonie Deutsch-Südwestafrika (später Namibia) verlegt wurde. Werbung, die für die damalige Zeit als aufreizend galt, verhalf der Cannstatter Firma zu Weltruhm. 400 Mitarbeiter beschäftigte das Unternehmen in seinen besten Zeiten, die im Nazi-Regime jäh endeten. Die Lindauers, die zu den reichsten Bürgern in Württemberg gehörten, mussten um ihre Firma und um sich kämpfen – sie waren Juden. Der Korsettbetrieb wurde nach dem Schwiegersohn Wilhelm Meyer-Ilschen umbenannt und konnte so der Enteignung entgehen. Der einstige Kassenhit »Hautana« wurde nach dem Krieg nicht mehr produziert.

Stattdessen setzte man auf »Prima Donna«, auf den Markennamen, der schon von jeher für Korsettserien aus Bad Cannstatt stand. Erst Anfang 1990 wurde der Betrieb eingestellt. Die Erben wollten die Firma nicht mehr weiterführen. Lingerie unter dem Namen »Prima Donna« gibt es noch heute – die Markenrechte hat ein Hersteller in Belgien erworben. In der 1968er-Bewegung galt der BH als Symbol für Unterdrückung und biedere Körperkultur. Viele Frauen empfanden den Verzicht als Befreiung. Die Büstenhalter-Industrie hat es geschafft, so viele Modelle zu designen, dass selbst Frauen den Überblick verlieren, wie die Dinger am schnellsten aufgehen. Drei Haken hinten, zwei Haken vorne, Klippverschluss oder gar keine Öffnung – alles ist drin und dran. Wenn sich schon mitunter die Trägerinnen selbst beim Ausziehen des BH schwer tun – wie sollen das Männer dann schaffen? Dabei wollen sie doch nur Gottes Schöpfung, also die Schönheit der Natur, würdigen.

Eine Welle geht um die Welt – die Dauerwelle

Das Fahrrad, das Automobil, die Kehrwoche: Von all den Erfindungen, die aus Baden-Württemberg kommen, hat eine die Mode weltweit geprägt: die Dauerwelle. Ohne sie müssten ältere Damen ohne schöne graue Locken auskommen, ohne sie würden wir heute nicht über unsere Jugendfotos aus den 1980er-Jahren lachen. Am An-

Echte Nestle Lanoil-Dauerwellen

pflegen das Haar, sind garantiert haltbar im Regen und beim Waschen

Ärztlich begutachtet! **Hier zu haben!**

fang stand der Schmerz. Die erste weibliche Testperson erlitt bei der Prozedur Brandblasen und versengte sich die Haare. Nichtsdestoweniger heiratete sie später den Übeltäter beziehungsweise Erfinder, Karl Ludwig Nessler. Der Friseur und erfolgreiche Unternehmer stammte aus Todtnau im Schwarzwald, ging aber in jungen Jahren in die Schweiz, nach Italien und schließlich nach Paris, wo er 1906 seine aufwändige Prozedur zum dauerhaften Wellen der Haare erstmals erfolgreich anwandte. Gute fünf Stunden lang wurden die einzelnen Strähnen spiralförmig auf vertikal vom Kopf abstehende Metallstäbe gewickelt, mit einer Boraxlösung getränkt und mit Metallzangen erhitzt. So gelang es Nessler erstmals, Locken zu erzeugen, die sämtliche Haarwäschen überstanden. Vier Jahre später ließ er sich einen elektrischen Dauerwellenapparat patentieren.

Die Idee, Haare dauerhaft zu locken, war nicht ganz neu. Schon vor 2700 Jahren versuchten es die Römer mit Hitze. Im 18. Jahrhundert lockte man Perückenhaar, indem man es acht Stunden lang in Boraxwasser kochte – für leibhaftige Köpfe war dies dann doch nichts. Mit Nesslers Methode hielt die Dauerwelle nun Einzug in internationale Salons und war bald *en vogue*, zumal das Procedere mit dem Einsatz von Flachwicklern und Chemie bald deutlich bequemer wurde. In den 1970er- und 1980er-Jahren nicht wegzudenken, kam die künstliche Lockenpracht in den 1990er-Jahren vorübergehend aus der Mode. Heute können modebewusste Menschen schonend ihre Haarpracht optimieren, möglichst natürlich soll es aussehen. Wir können wählen zwischen Cystein-, HFK- oder computerunterstützten Sensor-Dauerwellen, die Mähne wird nach »individuellem Wickelschema« geformt. Sogar die Wimperndauerwelle gibt es längst – Nessler, der auch die künstlichen Wimpern erfand, wäre begeistert.

Streichhölzer – zündende Idee aus Ludwigsburg

....

Sollten Sie, liebe Leser, mal bei Günther Jauch in der Sendung »Wer wird Millionär?« sitzen und gefragt werden, was »Phillumenie« ist – Sie werden es gleich wissen. Phillumenie wird das Sammeln von Streichholzschachteln und deren Etiketten genannt. Ohne ein Käpsele aus Württemberg, fürwahr ein helles Köpfchen, könnten Sie diese Sammelleidenschaft gleich wieder vergessen. Jakob Friedrich Kammerer aus Ludwigsburg hat das Entfachen von Feuer wesentlich einfacher gemacht. Der gelernte Sieb- und Hutmacher gehört in die große Reihe der Entdecker und Erfinder aus Baden-Württemberg. 1833 begann er als Erster damit, Phosphorstreichhölzer industriell zu produzieren. Gefährlich war damals die leichte Selbstentzündlichkeit und die Giftigkeit des weißen Phosphors.

Denkmal für Jakob Friedrich Kammerer in Ehningen.

Der Tüftler hatte bereits 1824 ein Patent auf die »ausschließliche Verfertigung von Sommerhüten und Kappen aus Fischbein, Weiden und Spanischrohr« mit einer von ihm erfundenen Maschine angemeldet. In seinem Ladengeschäft versuchte sich Kammerer an immer neuen Zündmaschinen. »A Feuerle« zu machen, wie man im Musterländle sagt, war damals mit Stahl, Feuerstein und Zunder eine recht mühsame Arbeit. In seinem Schuppen liefen seine Experimente, mitunter so laut, dass sich die Nachbarn über das »Gezündel und die Explosionen« beschwerten. 1832 gelang es ihm, den leicht entzündlichen und starke Hitze erzeugenden Phosphor mit Schwefel und dem Sauerstoffspender Kaliumchlorat in einen Zündkopf zu verleimen. Das Reibzündholz war erfunden. Bald schon beschäftigte der Ludwigsburger 24 Mitarbeiter, die täglich 600 Zündholzkistchen herstellten.

Doch dann musste Jakob Friedrich Kammerer flüchten. Er hatte sich 1833 einer Gruppierung angeschlossen, die schon viele Jahre vor der Revolution im Jahr 1848/1849 einen Umsturz für demokratische Reformen herbeiführen wollte. Der Erfinder der Streichhölzer wurde als »Zündler« zu zwei Jahren Festungshaft auf dem Hohenasperg verurteilt. Durch Flucht in die Schweiz entzog er sich der Strafe. Seine in der eigenen Fabrik hergestellten Hölzer vertrieb der freiheitsliebende Tüftler in ganz Europa und wurde so zum Begründer der Schweizer Zündholzindustrie. Dank der badischen Revolution konnte Kammerer in die Heimat zurückkehren, wo er 1857 gestorben ist.

Der Mann mit der zündenden Idee ist nicht nur bei Freunden der Phillumenie (»Philos« ist der Freund und »Lumen« das Licht) unvergessen. In Western-Filmen entflammen Cowboys gern mal ein Streichholz beim Streichen über den Schuhabsatz. Wenn Sie, liebe Leser, dann mal bei Günther Jauch sitzen, sagen Sie ihm, dass dies mit normalen Zündhölzern nicht geht – die brauchen eine spezielle Reibefläche.

Die Motorsäge surrt um die Welt

Erfunden hat er die Motorsäge nicht – aber trotzdem gilt er als ihr Vater. Dem 1896 in Zürich geborenen Ingenieur Andreas Stihl, einem ehemaligen Waschmaschinenhersteller, verdanken Holzfäller, dass ihre harte Arbeit nicht mehr ganz so hart ist. 1926 präsentierte er seine erste transportierbare Motorsäge mit Elektromotor, die noch 48 Kilo wog und von zwei Männern bedient werden musste. Ihre Entwicklung, die zunächst im Werk in Bad Cannstatt in Serie ging, bevor die Firma nach den Kriegszerstörungen nach Waiblingen zog, ermöglichte es, die gefällten Baumstämme vor Ort zu zerlegen – früher mussten diese ins Sägewerk gebracht werden.

Andreas Stihl war seit 1933 NSDAP-Mitglied, seit 1935 SS-Mitglied mit dem Rang eines Hauptsturmführers (seit 1939). Nach dem Krieg wurde er von der US-Armee für drei Jahre interniert.

Ein Meilenstein in der Firmengeschichte geht auf das Jahr 1959 zurück. Mit der Stihl-Motorsäge *Contra* gelang der endgültige Durchbruch, weil diese viel leichter und viel leistungsfähiger als alle anderen Konkurrenzprodukte war. Nun konnte ein Mann allein mit der zwölf Kilo schweren Contra seine Holzproduktion um 200 Prozent steigern. Die Motorisierung im Wald setzte sich auf der ganzen Welt durch. Stihl wurde zum weltgrößten Hersteller von Motorsägen. 1961 charterte das Unternehmen eigens Frachtflugzeuge, um den hohen Bedarf in Kanada und Amerika decken zu können. 1973 starb der Firmengründer. »Die Ur-Väter aller Garagen- und Start-up-Unternehmen kommen aus der Region Stuttgart – und nicht aus dem Silicon Valley«, sagte Ministerpräsident Winfried Kretschmann beim 90-Jahr-Jubiläum der Firma Stihl und meinte damit das Ingenieurbüro in Bad Cannstatt, mit dem in den 1920ern die Erfolgsgeschichte des Unternehmens begonnen hat. Heute werden 90 Prozent des weltweiten Umsatzes von 3,25 Milliarden Euro im Ausland erzielt.

Die Stihl-Säge ist weltweit begehrt.

Der Dübel – eine schlichte, aber geniale Erfindung

I hm verdanken Heimwerker, dass ihre Küchenregale an der Wand bleiben und Garderoben nicht umfallen. Ohne die schlichte, aber geniale Erfindung von Artur Fischer würde es in den Wohnzimmern und Küchen nur so wackeln und wanken. 1957 ging der älteste Sohn des Dorfschneiders von Waldachtal im Nordschwarzwald an einem Samstagnachmittag in seine Werkstatt und feilte an einem Nylonteil herum, einem Stück Kunststoff. 37 Jahre alt war er, als ihm das Prinzip für den legendären grauen Fischer-S-Dübel einfiel. Das kleine Teil hat die Bauindustrie revolutioniert. Zuvor war die Befestigungstechnik auf eingegipstes Holz oder eine Blechhülse mit Hanffüllung angewiesen – es war eine aufwändige Prozedur. Der neue Dübel, der 1958 auf den Markt kam, bewährte sich mit seinen Seitenzähnen in harten wie in bröseligen Mauern. Die typischen »Dübelschwänzchen« verhindern, dass er sich beim Eindrehen der Schraube mitdreht. Heute werden von diesem Erfolgsprodukt jeden Tag über 14 Millionen Exemplare produziert. Mit 5000 Mitarbeitern wird ein Umsatz von 812 Millionen Euro im Jahr (Ende 2017) erzielt.

Auch wenn seine Erfindung eine Gelddruckmaschine war, hielt sich der Mann, der aus ärmlichen Verhältnissen kam (seine Mutter hatte mit Bügeln dazuverdienen müssen) und in Stuttgart zunächst eine Schlosserlehre absolviert hatte, zeitlebens von Prunk und Pomp fern. Im Rampenlicht fühlte er sich nicht wohl. Mit 96 Jahren starb er Anfang 2016. Gern erzählen die Mitarbeiter der Fischerwerke von acht eingerahmten Leitsätzen, die in dem Büro des Seniorchefs hingen. »Wer bin ich?«, lautet einer von ihnen in Frageform. Weitere zentrale Fragen seines Lebens lauteten: »Was kann ich?« und »Wem habe ich zu danken?«.

Seifenblasen – ein luftiges Vergnügen aus Tübingen

Glänzend schweben sie im Wind. Ihre Kugeln sind hohl, und ihr zarter Tanz ist Poesie, die nur kurz währt. Sie werfen bunte Schatten und platzen, wenn sie am schönsten sind: Seifenblasen faszinieren, seit es Seife gibt, also seit etwa 5000 Jahren. Wasser und Seife braucht man dazu – sowie Menschen, die pusten können. Aber erst durch einen Zufall wurde ein industriell gefertigtes Spielzeug daraus, das in Röhrchen steckt.

Nach dem Zweiten Weltkrieg wollte der Chemiker Rolf Hein in Tübingen ein besonders starkes Waschmittel herstellen, mit dem er die Bauern auf der Schwäbischen Alb so sehr erfreuen könnte, dass sie es gegen reichlich Kartoffeln und Gemüse eintauschen würden. Vor der Währungsreform fehlte es in den Städten nämlich an Lebensmitteln. Heins Seifenlauge besaß eine extrem hohe Oberflächenspannung. Als sich die Regale 1948 füllten, kam dem Chemiker die Idee, Seifenblasen im großen Stil zu verbreiten – mit einem Blasering aus Kunststoff. *Pustefix* war geboren.

Das blaue Röhrchen mit den Teddybären als Markenzeichen zählt heute zu den Klassikern der europäischen Spielzeugbranche. Kurz nach dem Krieg bewies der Erfinder großen Unternehmermut, indem er in schwierigen Zeiten auf ein im Grund unnötiges und rasch vergängliches Spielzeug setzte. Zuerst verkaufte Rolf Hein sein *Pustefix* auf Wochenmärkten – manch einer hielt ihn für einen Spinner. Doch das Geschäft lief so gut, dass innerhalb weniger Jahre daraus ein weltweit tätiger Export-Betrieb geworden ist. Heute führt Frank W. Hein, der Enkel des Gründers, das immer noch in Tübingen ansässige Unternehmen. Es wurde 2010 an die Firma Stadlbauer in Salzburg verkauft, um dessen Vertriebswege zu nutzen – doch die *Pustefix*-Geschäftsführung blieb in der Hein-Familie. Pro Jahr werden 700 000 Liter Flüssigkeit nach der Rezeptur des Erfinders abgefüllt – seit einigen Jahren auch in Fernost. Der weltweite Flug der Bläschen ist nicht zu stoppen. Die schillernden Augenblicke bleiben. So schön, so zärtlich – und so schnell zerplatzt.

Pustefix – ein Klassiker auf dem Spielzeugmarkt.

Der Power-Tower von Rottweil

N ach 30 Sekunden ist man oben – ganz oben auf der höchsten Besucherplattform Deutschlands. Wenn sich auf einer Höhe von 232 Metern die Schiebetür des Panoramaaufzugs öffnet, sind die Ohren meist zugefallen– doch der Blick weitet sich fantastisch. Der 2014 bis 2017 für 40 Millionen Euro erbaute Megaturm von *Thyssenkrupp* bietet in der Nähe von Rottweil, der ältesten Stadt Baden-Württem-

Im Oktober 2017 wurde der Rottweiler Testturm eröffnet.

bergs, eine einzigartige Sicht mitunter bis auf die Schweizer Alpen. Wegen der bodentiefen Verglasung, die rundum geschwungen ist, genießen die Besucher eine 360-Grad-Sicht. Freitags bis sonntags ist der »Power-Tower«, wie der Rottweiler Oberbürgermeister Ralf Broß den Publikumsmagnet seiner Stadt nennt, für die Allgemeinheit geöffnet, dann nämlich, wenn er nicht seinem eigentlichen Zweck dient, dem Testen von Hochgeschwindigkeitsaufzügen. Der gigantische Koloss ist verhüllt, als sei Christo am Werk gewesen. Die Außenhaut besteht aus Membranfeldern, die den Beton vor Wind und Wetter schützen und die Windlasten verringern sollen. Trotz des ausgeklügelten Systems schwankt der Turm um bis zu 75 Zentimeter. Besucher sollten deshalb schwindelfrei sein.

Dem schnellen und sicheren Aufzug gehört die Zukunft. Wenn die Großstädte der Welt wachsen, geht das meist nur noch in die Höhe – in die Breite ausdehnen können sie sich nur noch selten. Wie lässt sich die Technik der Beförderung verbessern? Selbst in den höchsten Wolkenkratzern hängen heute noch wie eh und je Fahrstuhlkabinen an Seilen, eine pro Aufzugsschacht. Je größer ein Haus ist und je mehr Menschen darin arbeiten oder wohnen, desto länger wird die Wartezeit. Nach einer Studie warten in New York Büroangestellte im Laufe ihres Berufslebens zusammengenommen 17 Jahre auf einen Aufzug und verbringen fast sechs Jahre in den Kabinen. Thyssenkrupp will in Rottweil erforschen, ob man Aufzugskabinen auch ohne Seile in der Vertikalen in künftigen Hochhäusern bewegen kann, etwa dank der

Magnetschwebetechnologie. Weltmarktführer bei Innovationen des Aufzugsbaus ist damit ein deutsches Unternehmen.

Mit zwölf Schächten und Fahrgeschwindigkeiten von bis zu 18 Meter pro Sekunde bietet der Rottweiler Testturm bisher nicht gekannte Möglichkeiten. Drei Schächte davon sind für den Multi-Aufzug vorgesehen, drei für die Besucher. In weiteren Schächten wird das sogenannte »Twin-Konzept« erprobt, bei dem zwei Kabinen in einem Schacht fahren – unabhängig voneinander.

Hunde, Kinderwagen und größere Rucksäcke müssen unten bleiben. Maximal 199 Besucher dürfen gleichzeitig auf den Rottweiler Riesen. Proteste gegen das auffällige Bauwerk sind in der schwäbischen Provinz nur noch selten zu hören, seit der Touristenboom stets für neue Rekorde sorgt. Wer auf der Autobahn A 81 fährt, sieht das Ausrufezeichen der High-Tech-Tüftler inmitten von Wiesen und Feldern von weitem. An manchen Tagen biegen so viele Reisende ab, dass sich ein Stau nach der Autobahnausfahrt bildet. Sich über das Land zu erheben und die Welt von oben zu betrachten, dies hat schon immer eine besondere Faszination ausgeübt. Rottweil ist so anziehend, als gebe es einen Fahrstuhl zum Glück.

Beträchtlicher Imagegewinn –
Deutschlands größtes Opern- und Konzerthaus

Baden-Baden hat Besonderheiten reihenweise zu bieten. Casino, Lichtentaler Allee und Festspielhaus werden oft in einem Atemzug als besondere Sehenswürdigkeiten genannt, doch nur das Festspielhaus ist rekordverdächtig. Es ist mit 2500 Plätzen Deutschlands größtes Opern- und Konzerthaus, eröffnet im Jahr 1998, ein Neubau, der den alten Bahnhof quasi als Kassenhäuschen integrierte. In Europa ist nur noch ein Opernhaus größer als das badische, der »Palau de les Arts Reina Sofía« in Valencia. Fast alle großen Opern waren in der Kurstadt an der Oos schon zu hören und zu sehen, teils in Eigenproduktion, teils zusammen mit anderen großen Häusern der Welt inszeniert, etwa der Metropolitan Opera aus New York. Weltstars wie das Hamburger Ballett unter John Neumeier oder das Petersburger Mariinski-Ballett waren ebenso zu Gast wie Popsänger Sting. Zuletzt machte 2018 Mozarts Zauberflöte Furore mit Rolando Villazón in der Rolle des Papageno.

Interessanterweise ist das Festspielhaus seit 2000 das einzige Opernhaus Deutschlands, das ohne Subventionen auskommt – genau betrachtet teilen sich die Stadt und das Land jedoch Miete und Instandhaltung. Allerhand Rechentricks kommen laut Kritikern dazu, weshalb sich die tatsächlichen Zuschüsse des Hauses bis 2020 auf 200 Millionen summiert haben sollen. Egal, ein Gutachten einer Schweizer Universität ergab einen Kaufkraftzufluss von jährlich etwa 50 Millionen Euro für die Stadt an der Oos. Selbst Pessimisten müssen zugeben, dass der Imagegewinn für Stadt und Land beträchtlich ist.

Ravensburger – mit der Reise um die Erde fing alles an

» Reise um die Erde« – so hieß das erste Spiel, das Otto Maier in seinem neu gegründeten Verlag in Ravensburg 1884 mit edler Ausstattung herausgab. Drei Goldmark kostete das Brettspiel mit bemalten Zinnfiguren und hochwertiger Schachtel. Es war dem Bestseller »In 80 Tagen um die Welt« von Jules Verne nachempfunden, der 1872 erschienen ist. Von Anfang an wollte Firmengründer Otto Maier Unterhaltung mit Bildung verbinden. Bei »Reise um die Erde« sollte man Spaß haben und gleichzeitig Sehenswürdigkeiten der Welt kennen lernen. Sein Enkel hieß ebenfalls Otto Maier

Das erste Ravensburg-Spiel von 1884.

(mit dem zweiten Vornamen Julius) – ohne ihn und dessen Cousine Dorothee Hess-Maier wäre der Aufstieg der *Ravensburger AG* zur Weltmarke mit dem blauen Dreieck kaum möglich gewesen.

Als der Enkel des Firmengründers nach dem frühen Tod des Vaters den Familienbetrieb 1952 übernahm, zählte dieser 90 Mitarbeiter, machte zwei Millionen D-Mark Umsatz mit Büchern und Spielen – und schrieb existenzbedrohende rote Zahlen. Heute ist das Unternehmen international aufgestellt und macht Millionengewinne mit über 2000 Beschäftigten. Spiele wie *Fang den Hut*, *Memory* oder *Scotland Yard* sind untrennbar mit der Marke verbunden – genauso wie die Puzzles, für die *Ravensburger* in der ganzen Welt verehrt wird. Den hohen Wert des Spielens hat »Mister Ravensburger« so erklärt: »Kinder müssen lernen, wie es sich anfühlt, zu verlieren, zu gewinnen und sich an Regeln zu halten.« Heute leitet Clemens Maier, der Urenkel der Gründers, den Spielekonzern und führt ihn in die digitale Zeit. Längst sind die Kinder in der digitalen Welt unterwegs, weshalb *Ravensburger* dort sehr präsent ist. Geworben wird aber für das haptische Produkt. Beides könne man nur schwer beim Spielen kombinieren. »Wenn ich schon klassisch spiele, dann lass mich um Gottes willen mit diesen Smartphones in Ruhe«, findet Clemens Maier, »entweder mache ich das eine oder das andere.«

Tipp-Kick – seit 1924 muss der Eckige ins Eckige

Beim Tipp-Kick-Spiel ist der Ball nicht rund, sondern hat zwölf Ecken und zwei Farben. Diejenige Mannschaft darf spielen, deren Farbe beim eckigen Ball oben liegt. Seit 1924 ist dies schon so. Der Erfinder der beweglichen Figuren mit dem Knöpfchen auf dem Köpfchen war der Stuttgarter Möbelfabrikanten Carl Mayer. 1921 meldete er sein »Fußballbrettspiel« zum Patent an. Drei Jahre später erwarb der Schwenninger Exportkaufmann Edwig Mieg die Lizenz. So kam Tipp-Kick in den Schwarzwald. Von hier aus hat das Tischfußballspiel seinen Siegeszug angetreten und kann es in den digitalen Zeiten mit der Playstation locker aufnehmen. Über 500 Tipp-Kicker spielen bundesweit sogar in Vereinen mit Ligaspielen und Pokalfinale. Nicht nur die Spezialisten kennen die Tricks und Kniffe. Man kann mit den Männchen hart schießen oder einen leichten Heber setzen. Ob Bananenflanke oder Kurvenball – alles ist drin. Seit jeher werden die Figuren aus Metall gegossen und zum großen Teil von Hand bemalt. Die Füße der Tipp-Kicker werden unterschiedlich gefeilt. Um den Nachwuchs machen sich die Hersteller aus Villingen-Schwenningen keine Sorgen. Seit 2006 spielen auch die Mädchen mit.

Die Starrluftschiffe vom Bodensee – fragil und legendär

....

Das Unglück von Lakehurst im Jahr 1937 hat sich ins kollektive Gedächtnis der Menschheit eingebrannt. Binnen einer Minute ging »LZ 129 Hindenburg« beim Landen in Flammen auf, 35 der 97 Personen an Bord starben. Dennoch wurden die »Starrluftschiffe« legendär. Sie schwebten elegant und ruhig durch die Lüfte und wurden am Bodensee gebaut, wenn auch nicht dort erfunden.

Ferdinand Graf von Zeppelin widmete sich nach seinem Armeedienst im Alter von 52 Jahren der Einwicklung von Luftschiffen – es war im Jahr 1890. 1899 wurde der erste »Zeppelin« in der Nähe von Friedrichshafen gefertigt. LZ 1, »Luftschiff Zeppelin«, war 128 Meter lang, knapp zwölf Meter maß es im Durchmesser und war mit 11 300 Kubikmeter Wasserstoff gefüllt. Am 2. Juli 1900 sahen 12 000 Zuschauer, wie das Flugschiff 18 Minuten über dem Bodensee schwebte, bevor es nach einer Panne notlandete. Weitere Pannen, Abstürze, Notlandungen folgten. LZ 2 – aus Spenden und Lotterieeinnahmen finanziert – wurde bei einem Sturm beschädigt, die Ingenieure bauten aus den brauchbaren Relikten LZ 3, das nach immerhin 45 erfolgreichen Flügen vom Militär angekauft wurde – und damit die Werft vor dem Ruin bewahrte. LZ 4 verbrannte ebenfalls, wieder stand das Werk vor dem Aus. Die »Zeppelinspende des deutschen Volkes« brachte jedoch eine ungeheure Summe im heutigen Gegenwert von 35 Millionen Euro zusammen. In den folgenden fünf Jahren wurden zwölf von 19 Luftschiffen bei Unglücken zerstört.

Skizze des LZ1 von 1898.

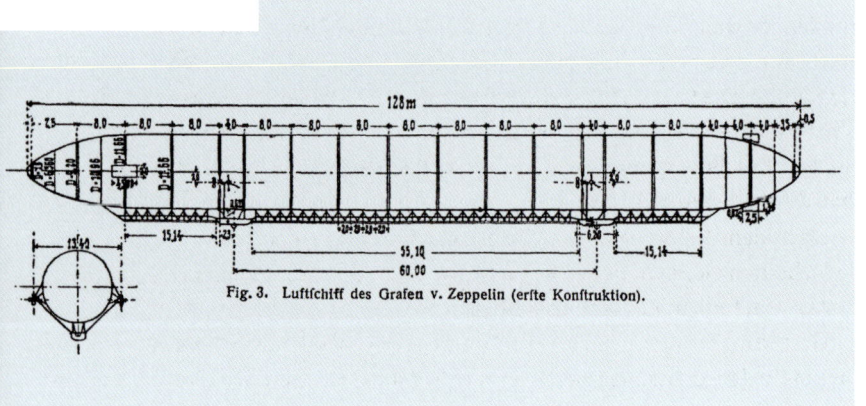

Fig. 3. Luftschiff des Grafen v. Zeppelin (erste Konstruktion).

Vor dem Sturm:
LZ 2 im Jahr 1905.

Doch es zeichneten sich auch Erfolge ab. LZ 5 flog 1909 in 38 Stunden 1194 Kilometer weit und wurde danach vom Militär übernommen, wie 14 weitere Zeppeline. Die Entwicklung wurde im Ersten Weltkrieg vorangetrieben, die Reichsführung sah im Zeppelin eine Art Wunderwaffe, doch die Alliierten schossen eine ganze Reihe in Brand. Die Bilanz aus Sicht der Deutschen: Die 88 während des Krieges produzierten Zeppeline flogen 51 Angriffe auf England, warfen 197 Tonnen Bomben ab und töteten dabei 557 Menschen. Hinzu kamen 1200 Aufklärungsfahrten. Die technologische Bilanz war beeindruckender. Es waren Luftschiffe, die 200 Meter und länger waren. Sie konnten bis zu 50 Tonnen Nutzlast transportieren und erreichten Geschwindigkeiten von bis zu 130 Kilometern pro Stunde. Die längste Fahrt führte 1917 über die Ostsee und dauerte 101 Stunden. Die LZ 101 stieg bis in eine Höhe von 7600 Metern auf, um dem Beschuss zu entgehen. LZ 104 schließlich legte in 95 Stunden 6757 Kilometer zurück.

Nach dem Krieg zerstörten viele Luftschiffer ihre Zeppeline, um sie nicht dem Gegner überlassen zu müssen. Die übrigen kamen nach Frankreich, Italien, England und Belgien.

Graf von Zeppelin starb 1917. Die Führung des Unternehmens übernahm Hugo Eckener, dem anders als dem Grafen die friedliche Nutzung der Luftschiffe am Herzen lag.

Knapp zwanzig Jahre währte nun die Erfolgsgeschichte des Zeppelins. LZ 120 »Bodensee« war mit 132,5 Stundenkilometern Höchstgeschwindigkeit *das bis dahin schnellste Luftschiff der Geschichte* und beförderte 1919 knapp 2400 Fahrgäste auf der Strecke zwischen Friedrichshafen und Berlin.

Als das Werk wieder in einer Krise steckte, holte Eckener einen Auftrag aus den Vereinigten Staaten und ließ LZ 126 bauen, das »Amerikaluftschiff«. Er überführte es im Oktober 1924 persönlich, wurde von begeisterten Menschenmengen empfangen und vom damaligen Präsidenten Calvin Coolidge ins Weiße Haus eingeladen. LZ 126 versah bis 1932 zuverlässig seinen Dienst und wurde 1939 verschrottet. Am 18. September 1928 stieg LZ 127 »Graf Zeppelin« zum ersten Mal auf, das erfolgreichste Luftschiff überhaupt. In die Luftfahrtgeschichte ein gingen *die erste und bis heute einzige Umrundung der Erde* im August 1929 sowie eine deutsch-russische Arktisfahrt im Jahr 1931. Trotz der Konkurrenz der aufkommenden Flugzeuge wurde ab 1930 eine transatlantische Fluglinie installiert, bis 1936 stiegen die Fahrgastzahlen zwischen Europa und Nord- und Südamerika jährlich.

Die nächste und letzte Krise begann mit den Nationalsozialisten. Reichsluftfahrtminister Hermann Göring verwandelte die Firma in ein staatliches Unternehmen. Eigentlich hatte Eckener für die nächsten Zeppeline Helium als Füllung verwenden wollen, da dies nicht brennbar ist. Doch die USA hatten ein Embargo gegen Nazideutschland verhängt. Das Verhängnis nahm seinen Lauf, LZ 129 wurde wieder mit Wasserstoff gefüllt – das Ende ist bekannt, *das größte Luftschiff aller Zeiten* ging in Flammen auf. Im März 1940 veranlasste Hermann Göring die Sprengung der Luftschiffhallen und die Zerstörung der beiden letzten Luftschiffe.

1993 wurde die »Zeppelin Luftschifftechnik GmbH« (ZLT) in Friedrichshafen gegründet. Der Zeppelin NT (»Neuer Typ«) stieg 1997 zum crsten Mal auf. Diese Luftschiffe erinnern mit 75 Metern Länge und einer völlig anderen Technologie nur noch in ihrer Form an die klassischen Zeppeline. Sie werden für touristische Zwecke und für Forschungsflüge eingesetzt. Geblieben sind der Mythos und die Faszination »Zeppelin«. Nacherleben kann man diese im Zeppelin-Museum in Friedrichshafen, der *weltweit größten Sammlung zur Geschichte und Technik der Luftschifffahrt.*

Das liebe Geld – die erste Sparkasse Deutschlands

W ie überall gab es von jeher rund um den Bodensee bitterarme Menschen. Aber auch der Dreißigjährige Krieg hatte hier verheerende Auswirkungen. Hungersnöte und Seuchen dezimierten die Bevölkerung in Süddeutschland auf ein Drittel. Die Gegend rund um den Bodensee erholte sich im 18. Jahrhundert langsam, die Lebenserwartung lag dort aber noch unter dem Durchschnitt von circa 40 Jahren. Nur jedes dritte Neugeborene erreichte das Erwachsenenalter. Viele Kinder verwaisten und wurden von Verwandten oder in Heimen aufgezogen. Um den Kindern das Erbe ihrer Eltern zu sichern, richtete der Salemer Abt Anselm II. 1749 eine »Zentrale Waisen-Cassa« ein. Dort musste das Erbe eingezahlt werden. Bereits nach einem Jahr wurden erste Kredite vergeben, etwas später wurde diese erste Sparkasse Deutschlands für jeden Bürger Salems geöffnet. Fast wäre sie bankrott gegangen, als das Geldinstitut nämlich nach der Säkularisation an das Haus Baden überging und damit auch die Schwierigkeiten mit Kreditnehmern. Zeitweise beschränkte sich die Sparkasse wieder auf die Einlage von Waisengeldern. Bis im Jahr 1838 die Bürgermeister der Region dafür sorgten, dass eine allgemeine Spar- und Leihkasse eingerichtet wurde, für die alle beteiligten Gemeinden garantierten.

Technische Meisterleistung – Tulla lässt den Rhein begradigen

E s gab damals nur Pferdefuhrwerke, Schubkarren und Schaufeln. Und trotzdem gelang es Johann Gottfried Tulla (1770–1828) und seinen Nachfolgern in den Jahren von 1817 bis 1876, den Rhein zu begradigen. Der Strom mäandrierte durch den Oberrheingraben, bildete zahlreiche Schlingen und Schleifen, Schifffahrt war kaum möglich, Überschwemmungen suchten die Bewohner ebenso heim wie Malaria, die von Stechmücken in den Auenwäldern übertragen wurde. Nicht zuletzt fiel auch die Grenzziehung zwischen Baden und seinen westlichen Nachbarn schwer.

Der Karlsruher Ingenieur Tulla hatte unter anderem Chemie, Mineralogie und Wasserbau studiert und erhielt 1804 den Auftrag, ein Hochwasserschutzprogramm auszuarbeiten. Er gedachte, aus dem

Rhein eine Art Kanal zu formen, indem er die vielen Schlingen an den kürzesten Stellen so durchstechen ließ, dass der Rhein schließlich gerade nach Norden floss. Die abgetrennten Schleifen bildeten künftig Altrheinarme, die teilweise verlandeten, die neuen Rheinufer wurden mit Dämmen und Mauern befestigt. Am Ende war der Rhein 81 Kilometer kürzer, zwischen Karlsruhe und Mannheim reduzierte man die Flusslänge von 135 auf 86 Kilometer, das Flussbett wurde auf maximal 240 Meter Breite begrenzt, ab Mannheim auf 300 Meter.

Wie bei allen derartigen Projekten traten unerwünschte Nebeneffekte ein. Der Rhein floss schneller und wurde infolge der Erosion bis zu zehn Meter tief, weshalb Staustufen gebaut werden mussten. Außerdem sank der Wasser- und damit der Grundwasserspiegel in der Umgebung, was für die Landwirtschaft negative Folgen hatte. Dafür

Tulla-Gedenkstein am Rhein bei Karlsruhe.

sank auch das Risiko für schwere Hochwasser in Baden, allerdings wurde die Fließgeschwindigkeit so hoch, dass Hochwasserwellen doppelt so schnell abflossen wie zuvor. Sie suchten deshalb die nördlichen deutschen Länder und die Niederlande heim, die 1826 vergeblich einen Baustopp forderten. Auch die Fischer stöhnten, denn mit den 130 Quadratkilometern Auenwäldern verschwanden viele Fischarten und Laichgebiete. Tulla selbst starb an Malaria und wurde auf dem Pariser Friedhof Montmartre begraben. Außer der Rheinregulierung geht auch noch die Begradigung der Dreisam (1817–1842) auf Tullas Konto – die Pläne stammten von ihm.

Wenn Karlsruhe Recht spricht –
die höchsten juristischen Instanzen der Republik

....

RAF-Terroristen wie Christian Klar, islamistische Extremisten wie Abdelghani Mzoudi, der Chef der Deutschen Bank, Josef Ackermann, oder das Justizopfer Harry Wörz – alle standen sie in Karlsruhe vor den Richtern des *Bundesgerichtshofs* (BGH). Der BGH ist das höchste deutsche Zivil- und Strafgericht. Es ist gegliedert in zwölf Zivilsenate und fünf Strafsenate, von denen die ersten vier in Karlsruhe beheimatet sind. Nummer fünf ist in Leipzig angesiedelt. Die Zivilsenate sind nach Sachgebieten aufgeteilt, die Strafsenate nach Oberlandesgerichtsbezirken. Wer in Baden-Württemberg etwas angestellt hat und es bis zum BGH schafft, landet vor dem ersten Strafsenat. Wie etwa im Fall Harry Wörz.

Der BGH befindet sich seit 1950 auf dem Gelände des erbgroßherzoglichen Palais, erbaut am Ende des 19. Jahrhunderts, umgeben von einer großzügigen Parkanlage mit einem prunkvollen Brunnen in der Mitte. Das Revisionsgericht ist für Urheberrecht, Mietrecht, Autokauf und vieles andere die letzte Instanz, das bislang größte und aufwändigste Verfahren war der

Letzte Instanz I: Das Bundesverfassungsgericht.

Letzte Instanz II: Der Bundesgerichtshof. Mannesmann-Prozess 2005. Zum Palais kamen im Laufe der Jahrzehnte neuere Bauten, in denen etwa eine umfängliche Bibliothek und das Rechtshistorische Museum untergebracht sind, in einem 70er-Jahre-Bau – damals abhörsicher – fanden die Prozesse rund um die DDR-Spionage statt.

Ebenfalls in Karlsruhe angesiedelt ist der Generalbundesanwalt beim BGH, und zwar seit 1950. Die *Generalbundesanwaltschaft* (GBA) ist die oberste Strafverfolgungsbehörde, zuständig bei schwersten Straftaten gegen die äußere und innere Sicherheit. Seit 1994 ist sie in einem Neubau abseits des BGH in der Karlsruher Brauerstraße untergebracht. Die GBA war zuständig für die Prozesse der RAF. Es wird für immer in Erinnerung bleiben, vor allem der Karlsruher, dass an der Kreuzung Linkenheimer Landstraße und Moltkestraße in der Fächerstadt am 7. April 1977 Generalbundesanwalt Siegfried Buback und seine beiden Fahrer Georg Wurster und Wolfgang Göbel von einem fahrenden Motorrad aus erschossen wurden. Die Täter konnten bis heute nicht zweifelsfrei ermittelt werden.

Über allem Recht, über aller Politik, steht in der Bundesrepublik Deutschland das Grundgesetz, und über dessen Einhaltung wacht das höchste deutsche Gericht, das *Bundesverfassungsgericht* (BVG).

Wenn »Karlsruhe spricht«, zittert so mancher Politiker, so manche Regierung, die Gesetze ausgearbeitet hat, die schließlich in Karlsruhe verworfen werden. Das ging schon Konrad Adenauer so, als er 1961 ein Regierungsfernsehen einführen wollte. Unterschieden wird unter anderem zwischen »Organklagen« und »Normenkontrollklagen«. Im ersteren Fall geht es um Meinungsverschiedenheiten zwischen Organen des Bundes, etwa Bund und Ländern, im anderen Fall werden Gesetze überprüft, was meist von der Opposition veranlasst wird. Es kann jedoch jeder Bundesbürger Klage einreichen, sofern er sich in seinen Grundrechten eingeschränkt sieht.

Das BVG folgt in seinen Entscheidungen mitunter auch gesellschaftlichen Veränderungen. 1952 klagten zwei homosexuelle Männer gegen den berühmten »Schwulen-Paragraphen 175« und kamen nicht durch, der Paragraph wurde erst 1994 abgeschafft. Das BVG ist außerdem letzte Instanz bei Wahlprüfungen oder zuständig bei Parteienverboten. Richtungsweisend war auch eine Entscheidung zur Kunstfreiheit. 1990 wollte die Bundesprüfstelle für jugendgefährdende Schriften den Roman »Josefine Mutzenbacher« indizieren lassen. Das Verfassungsgericht entschied zugunsten des Verlages, dass auch Pornografie Kunst sein könne. Das BVG residierte von 1951 bis 1969 im Karlsruher Prinz-Max-Palais und ist seitdem in funktionellen und markanten Gebäuden südwestlich des Karlsruher Schlosses untergebracht. Noch wichtiger als das BVG ist den Karlsruhern übrigens ihr Botanischer Garten. Als ein Erweiterungsbau am Rande dieses Kleinods geplant wurde, gingen die Bürger auf die Barrikaden. Mit dem Ergebnis sind nun aber alle glücklich: Es fügt sich harmonisch in die großstädtische Idylle ein.